丝路物语 书系

主编 李炳武

乾陵博物馆

气象万千的
盛世威仪

本册主编 丁 伟

西安出版社

图书在版编目（CIP）数据

气象万千的盛世威仪：乾陵博物馆 / 丁伟主编. —
西安：西安出版社，2021.12（2024.4重印）
ISBN 978-7-5541-5726-8

Ⅰ．①气… Ⅱ．①丁… Ⅲ．①唐墓－博物馆－介绍－
乾县 Ⅳ．①G269.274.1

中国版本图书馆CIP数据核字(2021)第234008号

气象万千的盛世威仪

乾陵博物馆

QIXIANG WANQIAN DE SHENGSHI WEIYI
QIANLING BOWUGUAN

主　编：丁　伟

出 版 人：屈炳耀
策划编辑：李宗保　张正原
项目统筹：张正原
责任编辑：李　丹
美术编辑：李　坤
责任印制：尹　苗
出版发行：西安出版社
社　　址：西安市曲江新区
　　　　　雁南五路1868号影视演艺大厦11层
电　　话：（029）85253740
邮政编码：710061

印　　刷：三河市华东印刷有限公司
开　　本：787mm×1092mm　1/16
印　　张：12.5
字　　数：128千
版　　次：2021年12月第1版
印　　次：2024年4月第2次印刷
书　　号：ISBN 978-7-5541-5726-8
定　　价：78.00元

阅读文物　拥抱文明

郑欣淼

文物所折射出的恒久魅力，已为越来越多的人所认识。今天呈现在读者面前的这部"丝路物语"书系，就是这一魅力的具体体现。

"让收藏在博物馆里的文物、陈列在广阔大地上的遗产、书写在古籍里的文字都活起来。"（习近平语）党的十八大以来，习近平总书记担负着实现中华民族伟大复兴的历史重任，饱含着对传统文化的深厚感情，让文物活起来始终为其所关注、所思考。让文物活起来，就是深入挖掘文物的内涵，充分发挥文物的作用。中国文物是中华民族的文明印记和精神标识，是全体中国人乃至全人类的珍贵财富；它对于激发人民群众对中华优秀传统文化的了解、认同和热爱，坚定文化自信，汇聚发展力量等作用是不言而喻的。

近年来，一些优秀的文物类书籍、综艺节目、纪录片、文化创意产品等不断涌现，文化遗产元素成为国家外交的桥梁，文物逐渐成为"网红"并受到越来越多年轻人的青睐，这些都充分彰显着"让文物活起来"已逐渐从理念转化为行动，那些在历史长河中积淀下来的文物珍存正在不断走近百姓、融入时代、面向世界。

说到文物，不能不把眼光聚焦于丝绸之路。人类社会交往的渴望推动了世界文明间的相互交融和渗透，中华文明与亚、欧、非三大洲的古代文明很早就发生接触，相互影响，相互交流。直到1877年，德国地理学家李希霍芬在他的著作《中国——我的旅行成果》里首次提出了"丝绸之路"的概念。近半个世纪以来，随着丝绸之路考古发现和学术研究的不断深入，极大地开阔了人们的视野。特别是"一带一路"倡议的全面推进，丝绸之路研究更成为国际显学。在古代文明交流史上，丝绸之路无疑是极其璀璨的一笔。它承载着千年古史，编织着四方文明。也正因为丝绸之路无与伦比的历史积淀，形成了独特的历史文化遗产，其数量之大、等级之高、类型之丰富、序列之完整、影响之深远，都是世所公认的。神秘悠远的古代城址、波澜壮阔的长城关隘烽燧遗址、精美绝伦的艺术品、气势磅礴的帝王陵墓、灿若星辰的宫观寺庙、瑰丽壮美的石窟寺……数不清道不尽的文物珍宝，足以使任何参观者流连忘返，叹为观止。2014年，"丝绸之路：长安—天山廊道的路网"成功跻身《世界文化遗产名录》，使丝绸之路迎来了新的历史机遇，也对广大文化文物工作者提出了新的要求。

"让文物说话，把历史智慧告诉人们。"这是习近平总书记的谆谆嘱托。中华文化优雅如斯，如何让文物说话，飞入寻常百姓家，是当下无数文化界人士亟待攻坚的课题，亦是他们光荣的使命。客观来讲，丝绸之路方面的论著硕果累累，但从一般读者角度，特别是从当下文化与旅游结合角度着眼的作品不多，十分需要一套全面系统地介绍丝绸之路文物故事的读物。令人欣喜的是，西安出版社组织策划了这套颇具规模的"丝路物语"书系，并由李炳武先生担任主编，弥补了这一缺憾。李炳武先生曾经长期在文物文化领域工作，也主持过"中华国宝·陕西珍贵文物集成""长安学丛书"和《陕西文物旅游博览》等大型文物类图书的编纂工作，得到了业界的充分肯定；加之丛书的作者都是有专业素养的学者，从而保证了书稿的质量。

如何驾驭丝绸之路这样一个纵贯远古到当今、横贯地中海到华夏大地的话题，对于所有编写者来说，都是具有挑战性的。这套书的优点或者说特点，可以概括为以下几个方面：

这套书最大的一个优点，就是大而全。从宏观的视野，用简明的线条，对陆上丝绸之路的博物馆、大遗址进行了全景式梳理，精心遴选主要文物，这些国宝的历史、艺术和科学价值在字里行间一一呈现。

丝绸之路文化遗产类型丰富，作者在文中并没有局限于文物本身的解读，还根据文物的特点做了大量的知识拓展，包括服饰的流变，宗教的传播，马匹的驯化，葡萄等水果的东传，纸张的发明和不断改进，医学的发展，乐器、绘画、雕刻、建筑、织物、陶瓷等视觉艺术的交互影响，等等。其中既有交往的结果，也有战争的推动。总体而言，这些内容是讲述丝绸之路时所不可或缺的内容，使读者透过文物认识了丝绸之路丰富的文化内涵。

值得称道的是，这套书采取探索与普及相结合的方式，图文并茂，力求避免学究气的艰涩笔调，加入故事性、趣味性，使文字更具可读性，达到雅俗共赏的目的。通过图书这一载体，能够使读者静静地品味和欣赏这些文物，传达出对历史的沉思和感悟，完善自己对文物、丝绸之路和文化的认知。读过这套书后，相信读者都会开卷有益，收获多多，文物在我们眼中也将会是另一番面貌。

我们有幸正处于坚持以人民为中心的改革发展伟大时代，每一件文物，都维系着民族的精神，让文物活起来，定会深入人心、蔚为大观。此次李炳武先生请我写序，初颇踌躇，披卷读来，犹如一场旅行，神游历史时空之浩渺无垠，遐思华夏文化之博大精深。兼善天下，感物化人历来是每一个中国知识分子的精神所属，若序言能为一部作品锦上添花，得而为普及民众的文物保护意识起到促进作用，何乐而不为？

是为序。

· 郑欣淼 · ···
原中国文化部副部长、故宫博物院原院长、中华诗词学会会长、著名历史文化学者。

丝路物语话沧桑

李炳武

2013 年 9 月，中国国家主席习近平访问哈萨克斯坦时，在纳扎尔巴耶夫大学发表演讲，首次提出共同构建"丝绸之路经济带"的宏伟倡议。2014 年 6 月，"丝绸之路：长安 — 天山廊道的路网"成功跻身《世界文化遗产名录》。

丝绸之路是世界上路线最长、影响最大的文化线路。丝绸之路是指起始于古代中国的政治、经济、文化中心 — 古都长安（今西安）连接亚洲、非洲和欧洲的古代陆上商业贸易路线。它跨越陇山山脉，穿过河西走廊，通过玉门关和阳关，抵达新疆，沿绿洲和帕米尔高原通过中亚、西亚和北非，最终抵达非洲和欧洲，向南延伸到印度次大陆。这条伟大的道路沟通了中国、印度、希腊三大文明，全长一万多千米。它是一条东方与西方之间经济、政治、文化进行交流的主要道路，促进了欧亚大陆不同国家、不同文明之间在商贸、宗教、文化以及民族等方面的交流与融合，为人类社会的共同发展和繁荣做出了卓越贡献。

公元前 138 年，使者张骞受汉武帝派遣从陇西出发，出使月氏。13 年中，他的足迹踏遍天山南北和中亚、西亚各地。在随后的 2000 多年间，无数商贾、旅人沿着张骞的足迹，穿越驼铃叮当的沙漠、炊烟袅袅的草原、飞沙走石的戈壁，来往于各国之间，带来了印度、阿拉伯、波斯和欧洲的玻璃、红酒、马匹，宗教、科技和艺术，带走了中国的丝绸、漆器、瓷器和四大发明，举世闻名的丝绸之路渐渐形成。

用"丝绸之路"来形容古代中国与西方的文明交流，最早出自德国著名地理学家李希霍芬 1877 年所著的《中国——我的旅行成果》一书。由于这个命名贴切写实而又富有诗意，很快得到学术界的认可，并风靡世界。

近年来，丝绸之路迎来了新的历史机遇，沿丝绸之路寻访探秘的人络绎不绝。发展丝路经济，研究丝路文明，观赏丝路文物成了新时代的社会热潮。中央文化产业发展专项资金资助项目"丝路物语"书系，便应运而生。在本书和读者见面之际，作为长安学研究者、"丝路物语"书系的主编，就该书的选题范围、研究对象、编写特色及意义赘述于下：

"丝路物语"书系，以"丝绸之路：长安—天山廊道的路网"遗产及相关博物馆为选题范围。该遗产项目的线路跨度近 5000 千米，沿线包括了中心城镇遗迹、商贸城市、聚落遗迹、交通遗迹、宗教遗迹和关联遗迹五类代表性遗迹以及沿途丰富的特色地理环境。共计包括三个国家的 33 处遗产点，其中吉尔吉斯斯坦境内 3 处，哈萨克斯坦境内 8 处，中国境内 22 处。属丝绸之路东段的重要组成部分，在丝绸之路交通与交流体系中具有独特的起始地位和突出的代表性。它形成于公元前 2 世纪，兴盛于公元 6 至 14 世纪，沿用至公元 16 世纪，连接了东亚和中亚大陆上的中原地区、河西走廊、天山南北与七河地区四个地理区域，分布于今中华人民共和国、哈萨克斯坦共和国和吉尔吉斯斯坦共和国境内。沿线遗迹或壮观巍峨，或鬼斧神工，或华丽精美，见证了欧亚大陆在公元前 2 世纪至公元 16 世纪之间人类文明进步的重要阶段，以及在这段时间内多元文化并存的鲜明特色。

"丝路物语"书系，每册聚焦古丝绸之路上的一座博物馆、一处古遗址或一座石窟寺，力求立体全面地展示丝绸之路上的历史遗存、人文故事和风土人情。这是一套丝绸之路旅游观光的文化指南，从中可观赏到汉代桑蚕基地的鎏金铜蚕，饱览敦煌石窟飞天的婀娜多姿，聆听丝路古道上的声声驼铃。古丝绸之路是人类文明的宝贵遗产，记录着社会的沧桑巨变，这也是一部启封丝路文明的记忆之书。

"丝路物语"书系，以阐释文物为重点。文物是中华民族的精神标识。"让收藏在博物馆里的文物、陈列在广阔大地上的遗产、书写在古籍里的文字都活起来。"这对于激发人民群众对中华优秀传统文化的了解、认同和热爱，坚定文化自信，汇聚发展力量不可小觑。

文物是不可再生的国之珍宝，从中可折射出人类文明的恒久魅力。对文化的认同感与归属感应当成为一种生活状态。我们从梳理丝绸之路沿线博物馆馆藏文物、石窟寺或大遗址为契机，从文化的立场阐释文物的历史意义，每篇文章涵盖了文物信息的描述、历史背景的介绍、文物价值的分享和知识链接等板块，在聚焦视角上兼顾学术作品的思想层与通俗作品的故事层双重属性，清晰地再现文物从物质性到精神性的深层转变，着力探讨文物作为一种精神力量对历史的思考。用时空线索描绘丝绸之路的卓越风华，为读者梳理丝绸之路的文化影响，以文物揭示历史规律，彰显更深层、更本质的文化自信，激发读者的民族自豪感。"丝路物语"书系以文物为研究对象，从中甄选国宝菁华，讲述它们的前世今生。试图让读者从中感受始皇地下军团的烈烈秦风，惊叹西汉马踏匈奴的雄浑奔放，仰慕大唐《阙楼仪仗图》的盛世恢宏，这是一部积淀文化自信的启智之作。

　　"丝路物语"书系，以互动可读为特色。在大众传媒多元数字化的背景下，综合运用现代科技的引进更能推动文化传播的演变进入一个崭新的领域，相契于文字的解读，更透出传统文化的深邃意蕴。为多维度营造文化解读的可能性，吸引更多公众喜欢文物、阅读文物，"丝路物语"可谓设计精良，处处体现出反复构思、创新的态度。设计重点关注视觉交流的层面，借助丰富的图像资料和多媒体技术大幅强化传统文化元素可视、可听、可观的直接特征，有效提升文化遗产多维度的观感效果。古人著书立说重字画兼备，"宣物莫大于言，存形莫善于画"，所以由"图书"一词合称。本书系选用了大量专业文物图片，整体、局部、多角度展示，让读者在阅读文字之余通过精美的图片感受文化的震撼与感动，让读者更好地认知历史、感知经典，体验当代创新之趣。

　　"丝路物语"书系，以弘扬互利共赢的丝路精神为使命。"丝绸之路：长安—天山廊道的路网"在东亚古老的华夏文明中心和中亚历史悠久的区域性文明中心之间建立起长距离的交通联系，在游牧与定居、东亚与中亚等文明交流中具有重要意义，并见证了古代亚欧大陆人类文明与文化发展的主要脉络及若干重要历史阶段以及突出的多元文化特征，是人类进行长距离交通、商贸、文化、宗教、技术以及民族等方面长期交流与融合的文化线路杰出范例。

2000 多年前，我们的先辈筚路蓝缕，穿越草原沙漠，开辟出联通亚欧非的陆上丝绸之路。这不仅是一条通商易货之道，更是一条文化交流之路。沿着古丝绸之路，中国将丝绸、瓷器、漆器、铁器传到西方，也为中国带来了胡椒、亚麻、香料、葡萄、石榴。沿着古丝绸之路，佛教、伊斯兰教及阿拉伯的天文、历法、医药传入中国，中国的四大发明、养蚕技术也由此传向世界。更为重要的是，商品和文化交流带来了观念创新。比如，佛教源自印度，却在中国发扬光大，在东南亚得到传承。儒家文化起源于中国，却受到欧洲莱布尼茨、伏尔泰等思想家的推崇。这是交流的魅力，互鉴的成果。这些各国不同的异质文化，犹如新鲜血液注入华夏文化肌体，使脉搏跳动更为雄健有力。古丝绸之路绵亘万里，延续千年，积淀了以和平合作、开放包容、互学互鉴、互利共赢为核心的丝路精神。

新时代、新丝路、新长安。2017 年，习近平主席在"'一带一路'国际合作高峰论坛"上指出：古丝绸之路是人类文明的宝贵遗产。为让这些遗产、文物鲜活起来，西安出版社策划出版的"丝路物语"书系，承载着别样的期许与厚望，旨在以丝绸之路的隽永品格对话当代社会的文化建构，以高度的文化自觉唤醒当代社会的文化自信。

我们作为丝绸之路起点长安的文化工作者，更应该饱含对传统文化的深厚感情，自觉担负起实现中华民族伟大复兴的历史重任，充分运用长安学的最新研究成果，为保护、研究和传承人类文明的宝贵遗产尽心尽力，助推"一带一路"伟大事业的蓬勃发展。

精品力作是出版社的立身之本，亦是文化工作者的社会担当。"丝路物语"书系的出版，凝聚着众多写作和编辑人员的思考与汗水。借此，特别感谢郑欣淼部长的热情赐序；感谢策划人、西安出版社社长屈炳耀先生的睿智选题与热情相邀；感谢相关遗址、博物馆领导的支持和富有专业素养的学者和摄影人员的精心创作；更要感谢西安出版社副总编辑李宗保和编辑张正原认真负责、卓有成效的工作。

"丝路物语"书系的出版虽为刍荛之议、管窥之见，但西安出版社聆听时代声音、承担时代使命以及致力于激活文化遗产、传播中国声音的决心定将引领其走向更远的未来。

是为序。

·李炳武·
陕西省文物局原副局长、陕西省文史馆原馆长、"长安学"创始人、陕西师范大学国际长安学研究院首任院长、三秦文化研究会会长、长安学研究中心主任、著名历史文化学者。

《阙楼仪仗图》（局部）

目录

乾陵博物馆

丝路物语

乾陵，唐代皇家陵园，关中乾州胜地。因山为陵，依托梁山之坚韧；仿城而筑，巧借长安之形制。凿山开洞，藏珍画壁，造屋雕像，天人合一。内外重垣，四门三阙，归引二圣神灵；两帝一陵，女皇威烈，开创历史典范。

有唐一代，民族融合，国力强盛，繁花似锦，铸造了中华文明的骄傲和自豪。东西互通，『胡』汉交融；都护守边，长安通明。

乾陵的神奇选址、墓葬建筑、陵园制度、雕刻艺术、文化遗存、神秘故事，无不显示出大唐的煌煌气象和浓厚的文化底蕴，乾陵博物馆邀您共赏，以探其究。

乾陵

因山为陵 帝陵典范

在陕西关中平原和渭北高原之间，以唐都长安城为圆心向东西两翼呈扇形分布着一条帝陵文化纽带，这便是享誉国内外的"关中唐十八陵"。西起乾县，东至蒲城，绵延150多公里。这一座座巍峨峭拔的山脉和一组组建筑宏伟的陵园，就是唐代统治者的"万年寿域"，"因山为陵"的陵园构筑充分展现了唐王朝的雄厚国力和恢宏气势。

乾陵是唐代第三位皇帝高宗李治与女皇武则天的合葬陵，位于陕西省咸阳市乾县城北六公里的梁山上，距离西安76公里。1961年3月4日被国务院公布为"第一批全国重点文物保护单位"。

乾陵选址在梁山，一是因为梁山自周秦时期即为名胜之地；二是因其距离长安和昭陵较近。梁山，系石灰岩质，山体呈圆锥形，海拔1047.3米。地势北高南低，二水环抱，东临甘河，西接漠谷，山石崔嵬而苍润，地势高峻而不险，为东西交通之咽喉，是古代兵家必争之地。梁山山峰有三，北峰最高，地宫就修建于梁山北峰的半山腰，坐北向南，隧道之上植柏隐蔽。南二峰略低，东西对峙，山顶各修建了一座气势雄伟的三出阙，是陵园的第二道门户。再往南约2.5公里处，是陵园的第一道门户鹊台，从南而观，恰似一座巍巍的笔架山，耸立云端；若从东南而望，北峰为头，南二峰似乳，一个"睡美人"的形象映入眼帘，整个陵园，和谐优美，天人合一。

乾陵陵园，仿唐都城长安修建，规模宏大，建筑富丽，堪称"历代诸皇陵之冠"。乾陵发展和创新制度，完善了"因山为陵"的形制。陵园分为主陵、陪葬墓区和陵属三个区域。主陵分为内城和外城，内城修建有宽宽的城垣，东西南北设置有青龙、白虎、朱雀和玄武四门，门前有门阙和石狮。据元朝李好文《长安志图·唐高宗乾陵图》记载，乾陵"周八十里"。20世纪60年代初，经考古工作者实地勘查得知，陵园内城约呈正方形，南、北墙长1450米，东墙长1582米，西墙长1438米，总面积约230万平方米。内城建有献殿、偏房、回廊、阙楼、碑亭、狄仁杰等六十朝臣画像祠堂等，外城建有下宫和邀驾宫等建筑群。

乾陵，有一条笔直宽阔的中心轴线，南北主轴线长约4.9公里。南至鹊台，北至玄武门外城垣，贯通了整个主陵。在主陵南侧600米的神道两侧，布满了大型的石刻造像数百件，从南至北，计有华表、翼马、鸵鸟、仗马及牵马石人、翁仲、述圣纪碑、无字碑、六十一蕃臣石像、石狮、石人卫士等。沿神道北行，旁有台塬沟壑，绿黄交加；道有青松翠柏，四季常青。四野风光，尽收眼中；观景揽胜，心旷神怡。

1958 年 12 月，在文物普查和陵园勘查过程中，发现了乾陵玄宫的隧

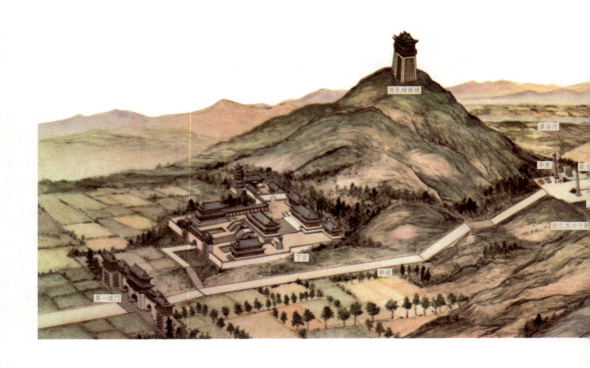

道口。1959 年对乾陵内城四门遗址进行了大范围的勘探，1960 年 2 月开始钻探工作。1960 年 4 月 3 日，考古人员清理发掘出了乾陵地宫隧道，发现隧道和玄宫门洞是在自然石灰岩山体上凿成，隧道堑壕深 17 米，隧道封石全部用裁切好的石条一层一层填塞，并在石条上夯打灰土，十分稳

乾陵古建筑分布示意图

乾陵神道

固坚硬。隧道呈斜坡形，正南走向，全长 63.1 米，隧道口宽 3.87 米，向北逐渐缩小，至玄宫门洞口仅宽 2.75 米。乾陵隧道所用的石条，长约 1.25 米，宽 0.40 ～ 0.60 米，厚 0.10 ～ 0.45 米。石条由南往北逐层叠砌，共 39 层，约用石条 8000 块。为了稳固石条之间的连接，在石条相接之间采用燕尾形铁拴板嵌固，石缝之间用熔化的铁锡溶液灌注，石条上下并用铁棍贯穿，这种方法使隧道的石条固若金汤，浑然一体。挖掘情况与史书中"乾陵玄阙，其门以石闭塞，其石缝隙，铸铁以固其中"的记载相吻合，加之陵山周围未发现有任何凿洞和破坏，一定程度上可以证明，乾陵可能是目前唯一未被盗掘过的唐代帝王陵墓。乾陵依靠自然山体的雄伟气势、石灰岩的坚固质地、优越无限的地理环境、继承与创新的思想理念、无与伦比的科学技术、精美绝伦的雕刻手法、领先时代的绘画水平，还有那神秘的传说故事和不解之谜，开创了中国古代陵墓史上的新纪元。

经考古发掘和资料调查，在乾陵的东南隅，有陪葬墓 17 座，墓主皆为皇亲国戚，文武重臣，分别为章怀太子李贤、懿德太子李重润、泽王李上金、许王李素节、邠王李守礼、义阳公主、新都公主、永泰公主、安兴公主、特进王及善、中书令薛元超、特进刘审礼、尚书左仆射豆卢钦望、右仆射刘仁轨、燕国公左卫将军李谨行、右武卫将军高侃、左仆射杨再思。经考古现场调查发现，乾陵陪葬墓区现存封土堆 15 个，这些陪葬墓呈扇形分布在乾陵东南方，均以封土起墓。其中懿德太子墓、永泰公主墓和章怀太子墓的封土呈覆斗形，其余均为圆锥形。由于历史年代久远，墓前碑

乾陵全景（1960 年 7 月拍摄）

石佚失，已很难判别每个墓冢的主人，只有待发掘之后才可证实。

从 1960 年到 1972 年，考古工作者先后对陪葬乾陵的唐永泰公主墓、章怀太子墓、懿德太子墓、燕国公左卫将军李谨行墓、中书令薛元超墓，以及祔葬刘仁轨的刘濬墓进行了发掘清理，出土大量珍贵文物和墓葬壁画，其中许多文物是丝绸之路文化遗产的重要组成部分。

乾陵的考古发掘、勘探和调查工作 60 年来一直在不断探索。先后勘探发掘了乾陵玄宫隧道口，弄清了乾陵玄宫的准确位置和封石情况；发掘清理了乾陵祔葬刘濬墓，出土文物百余件；发掘永泰公主李仙蕙墓、章怀太子李贤墓和懿德太子李重润墓。其中"号墓为陵"的懿德太子墓是目前所发掘唐代贵族墓葬中规模最大、等级最高的一座，价值之高为国内已发掘唐墓仅有；1998 年 6 月 1 日，在乾县阳洪镇上陆陌村附近，又发现了乾陵第一任宿卫官庞同本墓志；1995 年 4 月，陕西省考古研究所隋唐研究室开始对乾陵陵园东西乳峰阙楼、无字碑、述圣纪碑等遗址进行勘察，首次发掘清理了乾陵标志性建筑——三出阙阙楼遗址、碑亭遗址及六十一蕃臣石像群所在位置的部分散水。这次重大发现对保护并恢复乾陵地面建筑及唐代建筑史的研究提供了重要资料；2006 年，乾陵博物馆继续与陕西省考古研究所合作，对乾陵陵园部分遗址进行了初步勘探调查，取得许多考古发现；2007 年 7 月，勘探发现懿德太子墓园内城、外城和围沟的存在；2008 年 6 月，对乾陵玄武门遗址进行考古钻探和发掘，此项工作历时 40 余天，钻探面积 25000 平方米，发掘面积约 400 平方米，新发现石刻 6 件（其中石人基座 2 件，驯虎人基座 1 件，石仗马 2 件，石人 1 件），这些石刻为研究乾陵陵园石刻形制及唐代帝陵石刻制度提供了新的实物资料；2009年，完成了乾陵陵园西侧及部分陪葬墓的钻探工作，钻探章怀太子墓墓园 40000 平方米，钻探乾陵小南沟窑址 3000 平方米；2010 年，对乾陵 13座陪葬墓进行了勘探调查，又对乾县上陆陌村古墓（疑为乾陵陪葬墓）外围以及李谨行墓圆形壕沟、乾陵东门门阙、南门第一道双阙和乾陵外城城垣进行了调查，另外还对乾陵小南沟窑址群周边进行了调查，勘探面积约 25 万平方米，至此，乾陵陪葬墓勘探工作基本完成；2010 年 6 月，对乾陵东门双阙、南门第一道双阙进行钻探；2015年 10 月 12 日，对乾陵南门门址区域进行考古勘探，以了解南门遗址的平面形制与结构。这些发掘、钻探、勘探、调查等考古工作，让今人对乾陵陵园的范围、形制以及陪葬墓都有了更加清晰的认识。新发现石刻为研究乾陵陵园石刻形制及唐代帝陵石刻制度提供了新的实物资料。

　　乾陵的历史价值、科学艺术价值、社会经济

乾陵博物馆鸟瞰图

价值尤为突出。其历史价值表现在：第一，乾陵是唐高宗李治与女皇武则天的合葬陵。他们既是一对夫妻，又代表李唐和武周两个不同的朝代，这在中国甚至世界陵墓史上也非常罕见。第二，乾陵陵园规模宏大，建筑富丽，奠定了后世帝王"因山为陵"葬制的基本模式，并对以后各个时期的帝王陵墓制度产生了巨大影响。第三，乾陵陵山完整，保护较好，是目前考古勘探和文献记载能够相互印证，唯一一座没有被盗掘的唐代帝陵。第四，乾陵有17座陪葬墓，其中两座皆为"号墓为陵"葬制，属于陪葬墓中等级最高的。第五，乾陵独特的结构和历史地位，使其成为中国唐文化展示不可替代的地标。

乾陵的科学艺术价值表现为：第一，乾陵石刻融中外艺术风格为一体，在雕刻艺术史上具有重要价值，如翼马、鸵鸟、蹲狮等，综合运用了线雕、半浮雕和浮雕等雕刻技法，是汉魏南北朝以来中国传统石刻艺术与外来雕刻艺术的结合。第二，乾陵陪葬墓壁画是我国历史上最为精美的壁画作品之一，其中《客使图》《打马球图》《阙楼仪仗图》等皆为国宝级文物。乾陵已发现200多平方米的石刻线刻画，技艺精湛而细密，珍贵而独特。乾陵出土的唐三彩和彩绘陶俑造型独特，烧制精美，是不可多得的艺术品。第三，乾陵选址与建制是唐代帝陵的典范。因山为陵，气势宏大，设计奇巧，天人合一，被称为中国帝王陵墓的代表作。

乾陵的社会经济价值表现在：第一，乾陵自对外开放以来，成为重要的爱国主义教育基地和旅游观光地。第二，乾陵的保护、开发与利用，推动了当地社会经济快速发展，同时有利于推动我国优秀历史文化教育事业的发展。

　　总之，作为"唐十八陵"中保存最完整的一座皇家陵园及中国历史上唯一一座两个皇帝的合葬墓，乾陵既是历史的见证，也充分展现了大唐王朝精湛、独特的艺术风格和极高的文化品位。

（侯晓斌）

述圣纪碑

则天之文 中宗之书

七节垒叠，庑殿式样，上有力士守护，下有方座奠基，则天皇后撰文，中宗李显书丹，歌功颂德，金字映耀，开创了帝陵前立碑的先例。

　　古人的智慧不可想象，古人的创造令人惊叹。我们很难想象在远离现代科技的时代，古人是如何将坚硬的石灰岩从山体中分离出来，精心打磨，细心雕凿，完成了许许多多的大型石雕艺术珍品。

　　走在乾陵神道上，两旁百余件的石雕让人目不暇接，让这里宛如一座露天石雕展览馆。特别是乾陵朱雀门外那高大雄浑的双碑赫然屹立，东边为无字碑，西边是述圣纪碑，两碑遥相呼应，无出右者，这两通石碑开创了帝王陵墓前竖碑的先例。

　　述圣纪碑顶部为唐代典型的庑殿式建筑造型，屋檐四角下各雕刻一位护法力士石像，形象微妙，动态十足，檐雕斗拱。中间碑身为五节，下为碑座，由四块方石拼接而成，各部分之间采用榫卯结构连接，碑座上刻有石榴纹饰和瑞兽"獬豸图"线刻画。初建时建有高大的碑亭，如今已荡然无存，只留下四角的石柱础还能让人想象出碑亭曾经的规模。这通碑与其他历代碑不同，为方形，共七节，又称"七节碑"。有人说这七节是代表日、月、金、木、水、火、土这七曜的；也有人说这通碑其实是佛塔的象征，寓意七级浮屠。不管如何，述圣纪碑是一块歌颂帝王的功德碑，它之所以是被称为碑中瑰宝，是因为这通碑是由一代女皇武则天亲自撰文，中宗李显书丹，记载了大唐王朝创建以来的一段辉煌的历史，记录了唐高宗的睿智聪明和文治武功。原文46行，行约120字，共约5600字，皆楷书，且每个字笔画间都"填以金屑"，闪闪发光，照耀陵园，彰显了文字的精美、金石的浓郁，可以想象当年立碑时是多么的壮观。

历史沧桑，岁月无痕，当唐王朝走向没落时，乾陵受到历史硝烟的不断摧残。中华人民共和国成立后，政府投资整修乾陵，把倒塌了的述圣纪碑重新复位，人们惊叹古人的智慧，难以想象他们是怎样把如此沉重的石碑一块一块竖立起来。虽然这通饱经沧桑的石碑已不复初立时的风采，但依然令观赏者叹服不已、拍手称绝。

武则天与丈夫李治有着同生共难的情感，这种情感被人们誉为"圣爱"。当高宗李治离开人世时，还不忘记留下"军国大事有不决者，取天后处分"的遗诏，表现了李治对武则天治国才能的信任。同样，武则天对丈夫也是有深厚的感情，感业寺中一首《如意娘》成为最美的情诗之一："看朱成

述圣纪碑

唐（618—907）

高7.53米，每边宽1.86米，重约90吨

位于乾陵内城西阙楼前

碧思纷纷，憔悴支离为忆君。不信比来长下泪，开箱验取石榴裙。"这首诗情真意切，因为思念，常把红色看成绿色；因为思念，心神憔悴，神情恍惚；因为思念，常常以泪洗面，专情期盼。这是武则天在表述自己对恋人的一往情深和切切思念，也是对自己未来命运的一种渴求、一种向往、一种期盼。高宗驾崩后，武则天悲痛心碎，思绪万千，一篇长达约5600字的美文把自己对丈夫的情感倾注的无以比拟，又命中宗李显御笔书丹来完成了这个不朽之作。述圣纪碑的主要内容为：1. 高祖、太宗皇帝受命于天，长孙皇后在怀高宗大帝时出现的神异之象；2. 太宗有旧疾，夸赞李治孝道越古；太宗驾崩，太子悲痛不肯即位，为太宗皇帝挥毫撰文歌颂文章；3. 高宗执政期间，行休养生息之道，其文治武功如尧光四表，禹奠九州；4. 高宗生前遗言，令"丧葬从简，藏书承志"；5. 乾陵构筑牢固，广置翠柏，德动天地。

　　武则天还政于李家不止是为了这份情感，还有着对天下人的责任，武则天遗诏曰："遗制祔庙、归陵，令去帝号，称则天大圣皇后。"这个决策应该是一种"天智"。当统治中国近半个世纪的一代女皇武则天心力交瘁地走完了她的人生后，毅然决然地与丈夫"同寝一室"，共归天堂，得到了人生的升华，创造了爱情的经典。乾陵也因此成为闻名于世的一对夫妻、两朝帝王的合葬陵。

（丁伟）

无字碑

功过是非后人评

石碑，是中国古代文化一种不可或缺的重要载体，它沉着厚重，像山一样雄浑，被后世誉为"金石之尊"。特别是集中在西安碑林这一中华石碑中的宝库，种类之多，数量之大，令人震撼，这其中蕴含了极其丰富的历史和人文信息，也是极为宝贵的历史文物和书法艺术珍品。

在距离西安碑林约 80 公里处的乾陵，有两通石碑令人流连忘返，一通是述圣纪碑，另一通就是无字碑，两碑遥相呼应，不离不弃，成为乾陵石刻之首。

无字碑碑首两侧各雕刻有四条相互缠绕的螭龙垂挂，碑的两侧各刻了一幅长达 4 米有余的"升龙图"，经专家考证，它是我国现存最大的线刻

无字碑

唐（618—907）

通高8.03米，宽2.1米，厚1.49米，重约98吨

位于乾陵内城东阙楼前

龙纹图之一。碑底座的正面线刻有"狮马图"等纹饰图案，马曲蹄悠闲，狮昂首怒目。整碑雕刻精美、气势雄浑，堪称巨制。正是这座碑面空无一字的石碑，引发了无限遐想。对于无字碑为什么不刻一字，历代有太多的猜想，如非碑说、遗言说、德大说、称谓说、动荡说等等。我想这些都不重要了，重要的是这块有争议的石碑已历经风雨1300余年，依然完好如初地屹立在这里。

武则天在政治上抑制了门阀豪族的利益，奖励农耕，广开科举，不拘一格选用人才，使中、小地主和百姓对她感恩戴德。她还敢给上天下诏书，在《腊月宣诏幸上苑》这首诗中写道："明朝游上苑，火急报春知，花须连夜发，莫待晓风吹。"这首诗充满了驾驭江山的王者霸气。在军事上，她敢笑须眉，久经历战的唐太宗李世民东征高丽都无功而返，而她却可以使高丽国臣服。在她执政的15年间，她亲自改的新字在全国范围内被推广和使用，许多碑石铭文上都留有这些字使用的范例。武则天的诗词也是别具风格，留下了许多有价值的诗文著作。据统计，武则天有诗57首传世，有独立成篇的文章80余篇，绝大部分收入唐代文集中。在艺术上，武则天的书法造诣特别高，她研习名帖，博采众长，书有逸少风范。75岁高龄的她，将一篇长达2000余字的《升仙太子碑》巨幅行草作品一挥而就。宋代《宣和书谱》将其录入卷一《历代诸帝》，排列第九位，称赞其书有大丈夫之气势。

无字碑初立时未刻一字，至宋以后便有文人墨客在上面篆刻诗文，真、草、隶、篆、行五体皆备。其中在碑的正阳镌刻了一段《大金皇弟都统经略郎君行记》的契丹文字，文中主要记录了金代重修乾陵陵园的情况，具有重要的历史价值。右侧为汉字译文，其内容是："大金皇弟都统经略郎君，向以疆场无事，猎于梁山之阳，至唐乾陵，殿庑颓然，一无所睹，爰命有司鸠工修饰。今复谒陵下，绘象一新，回廊四起，不胜欣怿，与醴阳太守酣饮而归。时天会十二年岁次甲寅仲冬十有四日。尚书职方郎中黄应期，宥州刺史王圭从行，奉命题。右译前言。"

大唐的立国治本在"贞观"，鼎盛繁华在"开元"，上承贞观、下启开元的女皇时代休养生息，励精图治，苦心经营，使得国家欣欣向荣。唐高宗秉承父业，兢兢业业，孝道治国，使得唐朝在这个时期国力强盛，蒸蒸日上，大大地促进了国际间的经济和文化交流。武周朝代的出现，是整个唐王朝乃至中国历史上的一次重大变革。李世民发动的"玄武门之变"不能抹杀他的治世之功，武则天的"改唐为周"也不能泯灭她的治国之举，唐玄宗虽能使大唐盛极一时，但长达八年的平叛使唐王朝从此走向了衰败。唐朝就像历史中的一个梦，有太多的不可想，有太多的不可思。

（丁伟）

翼马

飞龙神骏 来自天宫

马在古代农业生产、交通运输和军事战争等活动中是主要动力之一，也是人类最忠实的朋友之一。翼马犹如天上之神，生双翼，蹄生风，可腾云驾雾万里行。

　　在乾陵神道南端，有一对长着翅膀的翼马，雄浑大气，相对而立。翼马又称天马或龙马，是古代传说中一种能飞善跑的瑞兽。在营建乾陵时，为了营造神秘、肃穆的气氛，故将这种瑞兽雕置于陵园内。

　　翼马位于华表之北，鸵鸟之南，两匹马隔司马道相望。马皆圆雕，昂首、凸目、闭口，鼻孔大张，额部有一犄角。翼马鬃毛成绺，披于颈右侧。腹下镂空，四蹄蹬地，显得坚实有力。双翼被雕刻成优美的卷云纹浮雕图案，紧贴于马肩两侧并向后上部飘逸。两马均立于长方形双层基座上，整体来看，翼马体态结构清晰，姿态雄伟俊逸，表情生动刚烈。有学者指出，乾陵翼马是"中国古代最有力量感"的马雕作品。

翼马（东）

唐（618—907）
高3.45米，长3.53米，重约40吨
位于乾陵神道南端

据传，在战国、汉代，我国就有龙、虎、马长翼能飞的神话传说，屈原《离骚》中有"为余驾飞龙兮，杂瑶象以为车"。汉武帝闻大宛有天马，遣李广利以伐之，始得此马，有角为奇，故汉武帝《天马歌》曰："天马来兮历无草，迳千里兮循东道。"又据《易经·乾卦》："九五，飞龙在天，利见大人。"孔颖达疏："谓有圣德之人得居王位。"可见，自古"飞龙""天马"皆喻帝王，乾陵设置翼马，是为了表达墓主人的圣德。

乾陵翼马虽同属波斯马型，但仔细观察会发现其各有特点。西侧翼马挺拔雄健，表情刚烈，轮廓与阴影的交界分明。马肩两侧的翼面重叠涡卷，弧棱分明，宛如江中掀起的层层波浪冲天而上，这种雕刻技法带有鲜明的犍陀罗雕刻艺术风格。东侧翼马的头胸虽没有西边翼马挺得那么高，但体态颇为丰满圆润，凸目，闭唇，神态凝重。马肩两侧的翼面以流畅的涡线弧面构成，弧棱圆润细密，犹如花团簇拥，刻工细腻，手法柔和，带有阿旃陀雕刻艺术风格。

犍陀罗雕刻艺术产生于印度西北部的犍陀罗地区（今巴基斯坦白沙瓦以及毗邻的阿富汗东部一带），一般分为浮雕和圆雕两种。造型上相当注意全身比例匀称以及骨骼肌肉等结构组织的生理解剖和内在表情与姿态的变化，富于强烈的艺术感染力。其风格的特点是挺拔雄健，长身细腰，轮廓鲜明。石刻上棱和面明显、爽朗，石刻上的线条以平行的直线为主。阿旃陀雕刻艺术主要指公元前二世纪印度孔雀王朝阿旃陀地区的佛像雕刻艺术，其壮丽的建筑，精美的佛像雕刻和以佛教故事为主要内容的壁画举世

翼马（西）

唐（618—907）
长2.78米，胸宽1.2米，高3.27米
位于乾陵神道南端

闻名。阿旃陀艺术风格的特点是雍容和悦，细密大方，带有鲜明的东方色彩。

在翼马基座两侧，分别刻有精致的"行龙图""獬豸图"和"狮象图"等线刻画纹饰，取材多为想象中的神兽形象，图案鲜明，形神皆备，线条简洁有力，富有浓厚的装饰效果和艺术魅力。

关于乾陵翼马，还有不少传说故事。

其一，相传武则天本是玉皇大帝的孙女，她从小在天宫里就听说了很多仙人下凡的故事，于是千方百计获得玉皇大帝的同意，才来到人间。一天，玉皇大帝和王母娘娘在闲谈，看到新鲜的蟠桃，便勾起他们对宝贝孙女的思念，想立即召她回宫，但武则天已经贵为皇帝，国不可一日无君，况且她长期受凡尘的熏染，仙气已减去大半。于是玉帝下令弼马温，把天宫的飞马赐给武则天两匹，从此武则天便骑着这飞马，往来于天宫和人间。

其二，武则天去世后与丈夫合葬在乾陵，他们夫妻两人经常骑着这两匹飞马巡游天下。有一天，江淮一带受了水灾，老百姓的家产大都被水冲得精光，民不聊生。可是当地有一个州官，叫石不足，他不仅私吞了朝廷给灾民的救济，还用这笔款为自己修了一座金碧辉煌的别墅。这天中秋佳节，石不足陪着夫人在新落成的花园赏月，笙笛齐鸣，歌女翩翩起舞，好不热闹。突然空中烟尘滚滚，遮天闭月，随着一阵大风，两座飞骑突然降落园中。石不足看到两位身穿黄龙袍、头戴紫金冠的人站立在自己的面前，吓得浑身发颤，连忙跪在地下磕头。武则天对着所有在场的人，揭露了石不足的罪行，等待他的必将是法律的严惩。

乾陵的这两匹翼马，头部高高扬起，眼睛炯炯有神，充满极度的自信，睥睨一切而傲视八方，具有"方今天下舍我其谁"的豪迈气概。这对天马，我们无论正视、侧视还是平视、仰视，都有极佳的视觉效果；而当我们离之而去，渐行渐远，再回过头来看，它们仍然是那样粗犷中带着秀美，体态夸张而不失其形，直到它们从视线中完全消失，它们带给人的强烈视觉冲击却还在，让人久久不能忘怀。

（陈丽萍）

石狮

雄霸一方 守陵神兽

兽中之王雄狮来自万里之遥的西方，守护在东方帝王陵前，像一座山，安然不动，彰显着中西文化的交融，传递出一种自信和力量。

狮子，外来之猛兽，原产于非洲、西亚和美洲等地。据《汉书·西域传》载，张骞通西域后，狮子才沿着"丝绸之路"传入中国。

唐代国力强盛，经济文化发达，对外开放包容，与当时世界上很多国家和地区友好交往。随着丝绸之路的畅通，一些国家和地区竟然将狮子这种大型猫科食肉性动物作为一种特殊的外交礼物赠予大唐帝国。《旧唐书·康国传》载，唐贞观九年（635），康国遣使贡狮子，太宗李世民嘉其远至，还特命秘书监虞世南做《狮子赋》。狮子头大如斗，口大如盆，力大如牛，凶猛异常，老虎见了都避让不遇。所以，在唐人的眼里，狮子如同神兽一般，可以屏退一切灾难。在乾陵陵园的内城设置了四门八狮，其体型高大雄浑、威武雄壮，用它们来守护陵园，使陵园更见神圣和肃穆。

　　乾陵石狮现仅存 5 尊，其中尤以朱雀门外两狮为最。这两尊石狮皆为蹲式，都是用整块纯青石圆雕而成。两狮相距约 16 米，石狮造型皆呈金字塔状，昂首挺胸，前肢挺拔；胸肌突兀，丰腴发达；巨头卷毛，似层层鳞披；硬额浓眉，突目隆鼻，阔口利齿，舌顶上颌，似闻隆隆吼声；身躯后蹲，稳如泰山。整个造型浑润传神，有顶天立地之势，表现出兽中之王凶猛异常、威武无比的神情。巍巍然不可撼动之状，给人以气宇轩昂，雄健挺拔之美感。置石狮于陵前，使整个陵区蒙上了一层神圣、尊严、凛然不可侵犯之态，从而渲染了乾陵的威势和大唐王朝的强盛。

　　乾陵的狮子呈现的都是蹲坐姿态，这种姿态不是休息，而是正在值守岗位，正在履行自己神圣的职责。它们的头部抬起，圆睁的双眼注视着前边的神道，眼神中流露出警觉、自信和威严；它们张开大口，露出巨齿，将要发出震撼山谷的吼声，这是猛兽在示威、在警告对手时的特定形体语言；由于昂首挺胸，它们本来就宽阔厚实的胸部更显得突出和隆起，前胸三块坚实的肌肉呈块状分布，肌肉之间的凹痕清晰可辨，那是强壮的筋骨，与肌肉共同构成强大力量的源泉；两条粗壮的前肢如钢铁铸成，支撑着倾斜的肢体，组成一个稳定的三角形；前肢关节略向内弯，这是结构的需要，也是力度的体现，隐藏着"蓄势待发"，随时准

石狮（东）

唐（618—907）
长2.40米，宽1.60米，高2.94米
位于乾陵内城朱雀门前

石狮（西）

唐（618—907）
长2.32米，胸宽1.50米，高2.80米，通高3.02米
位于乾陵内城朱雀门前

备扑向来犯之敌。它们的肢爪尖锐而锋利，伸出在骨节凸起的足趾前端，那是它们令敌手心寒胆战的锐利武器，显现着战无不胜的磅礴气概。唐代无名的艺术家们，就这样通过自己的巧妙雕琢，鬼斧神工般把两块巨大的山野顽石，化作充满生命力的血肉之躯，化作自然界的最强者形象！

唐朝人以前无古人的大无畏气概，打破传统的习俗，毅然将外来的狮子取代了老虎，作为最神圣的帝王陵的主要捍卫者，这里还包含着唐朝人对外开放，努力从一切外来文化中汲取营养的胸怀。

一千多年来，随着人们对狮子越来越广泛的接触，在许多艺术创作中，古人以丰富的想象，将狮子化为具有浪漫色彩的神奇动物。当狮子的肩上加上一双飞翔的翅膀，称为狻猊；当狮子头上饰单角或双角，身上饰以云纹或火焰纹时，它又成了獬豸，而在佛教艺术中，它还是蹲于佛座前的护法神。以石狮作为陵园四门的主要饰物是从唐乾陵陵园开始的，它应是完全在"尊君"思想的指导下列置的。石狮在诸石刻中不但雄伟高大，而且在雕刻技法、造型神态等方面也在其他石刻之上。置石狮于陵前，其威慑、炫耀之意不言而喻，反映出唐代帝王生前专制独尊，死后还要保持其陵寝神圣不可侵犯的用意。

世事沧桑，风俗变易，在中国历史上很多朝代，甚至包括我们的一些邻国，都将狮子看作是"第一守护神"，让它镇守在陵墓、宫殿、衙署、宅院门前，成为人们心目中忠诚、无畏、威严和庄重的绝对象征。乾陵蹲狮以它们所具有的巨大艺术感染力和影响力，穿透了时间与空间的阻隔，摆脱了不同民族文化与习俗差异的羁绊，引导了文化潮流的发展，并化作了艺术与文化的永恒，成为中国传统文化星空中最有代表性的一颗灿烂明星。

（陈丽萍）

仗马及牵马人

甲兵之本 国之大用

国之大典，庄严肃穆，仪仗队伍，气势磅礴。一匹匹矫健的仗马鞍鞯齐备、声势煊赫，精美的马饰在阳光下金光闪烁，皇家的仗马队列更是动人心魄。

　　乾陵，陵域广大，气势雄伟，遗存丰富，声誉远播。据史书记载，乾陵陵园仿唐长安城营建，原有建筑群378间，千百年来，经自然和人为破坏，当年的恢宏建筑如今已荡然无存，唯有120多件造型不同、神态各异的大型石刻依然耸立，彰显着依稀可见的巍巍大唐气象。

　　乾陵石刻，体量高大雄浑，造型生动逼真，是唐代帝陵石刻艺术的杰出代表，也是中国石雕刻艺术史上的一座丰碑。在这些精美的石刻中，共有仗马及牵马人各8对，其中朱雀门外5对、玄武门外3对。每对仗马分别面向神道相向而立，牵马人皆立于马首北侧，面向马头站立。在朱雀门外的5对仗马中，2匹较为完整，1匹不知下落，其余皆有残缺。从现存较完整的仗马身上可看出，马皆嘴衔镳，背置鞍鞯，披障泥，备马镫，身着攀胸和鞦鞅。马的细部不尽相同，马鬃多为披鬃，也有剪鬃和三花；马尾有垂尾和缚尾；有的马鞦鞅系挂杏叶状饰物，有的系挂珂饰，还有的系挂条状物；少数仗马鞍后有云珠。完整者为西列南数第四匹，立于双层长方形底座上。石马底座长 1.91 米，宽 0.89 米，高 0.26 米；础座长 2.50 米，宽 1.50 米，裸露地面高 0.73 米。牵马人现仅存 8 尊，皆缺头，其中两尊身躯基本完好，两尊不知下落，余皆残缺甚重。从牵马人残存躯体可见，皆身穿圆领紧袖武士袍，腰束带，脚蹬靴，双手置胸前做牵缰状。保存最高者为东列南数第一尊牵马人，无头，残高 1.54 米，宽 0.62 米。玄武门外仗马形制和朱雀门外相同，现存四马和一个石座，牵马人仅存西列最南端牵马人的小腿及双足部分，其余皆失。乾陵仗马、牵马人和石座皆分别雕凿，拼合而成，总重约在 16.30 至 18.25 吨之间。

乾陵仗马及牵马人在雕刻技法上属于圆雕。圆雕是一种立体的雕塑艺术，也是形体美最直接的表达方式，具有生命体的力量感，适合于从各个角度观察，每个面都代表了一定的空间关系，都能给观众较完美的感受。仗马及牵马人在雕刻风格方面趋于写实，特别是仗马，马头一般不大，马身上的肌肉比较发达，马腿因为要支撑庞大的躯体而刻得较为粗壮。马虽然是静止的，但由于躯干匀称、筋骨结实，所以整个马看上去英姿飒爽、威风凛凛。

马在古代是重要的战略物资，可谓"甲兵之本，国之大用"。古人认

仗马及牵马人（一）

唐（618—907）

马高1.95米，宽0.94米，长2.60米

位于乾陵神道东西两侧，共8对，其中朱雀门外5对，玄武门外3对

仗马及牵马人（二）

唐（618—907）

马残高1.34米，胸宽0.97米，长1.90米
牵马人胸宽0.6米，厚0.4米，高1.33米

为："在天莫如龙，在地莫如马。"因而对马极为重视。秦始皇陵有兵马俑，汉景帝阳陵也有兵马俑，从这些庞大的战马群体可以看出当时对马的重视程度。自霍去病墓前列置石马开始，人臣墓前设置石马者渐多，帝陵前也开始设置石马。帝陵陵园列置石马最早者当属东汉光武帝刘秀原陵。据《水经注·阴沟水》记载：曹嵩（曹操之父）墓前"夹碑东西，列队两石马，高八尺五寸，石作粗拙，不匹光武隧道所表象马也"。由此可知，东汉光武帝原陵的神道两旁，列置有高大精美的石马等雕刻。唐人封演在《封氏闻见记》中说："秦汉以来，帝王陵前有石麒麟、石辟邪、石象、石马之属，人臣墓前有石羊、石虎、石人、石柱之属，皆所以表饰坟垄，如生前之仪卫耳。"秦汉时期帝王陵墓前的石马目前没有考古发现，年代久远可能已不复存在，文献中也没有留下具体记载，其形制和布局已不得而知。但唐陵神道上的石马现在仍可以看到不少实物。从这些实物来看，绝大多数陵墓都是十匹马，分为五对，相向而立，排列在神道两侧。这些石马象征帝王生前立于宫门外、作为天子仪仗重要组成部分的仗马。

乾陵仗马由于具有仪仗性质，所以它们应该都是精心挑选出来的，都经过特殊的训练，其体形、筋骨、毛色、性情等应该也都是最上乘的。由于是仗马，其马身就要进行装饰。唐代文献中没有仗马如何装饰的资料，但从乾陵仗马身上可以看出，其装饰可谓珠光宝气，十分华丽。仗马头上的络头，额上的叶形当颅，身上的攀胸、鞦鞯、火珠等装饰物都十分考究。

中国的雕塑，随着佛教造像艺术的传入，在借鉴、吸收和融合外来文化的基础上进一步发展壮大，乾陵陵园内的大型石刻组群可以说是唐代石刻艺术的杰出代表。

（李青峰）

翁仲

忠贞不渝 值守千年

历经千年，饱经风霜，沧桑的面庞依然俊秀，挺拔的身躯依然挺立，一幕幕历史的演变，一个个更迭的朝代，诉说一段辉煌历史，带您见证一朝盛世帝国。

在乾陵陵园众多的大型精美石刻中，有 20 尊高大的石人像，分列于朱雀门外神道两侧，面朝神道相向而立。

乾陵石人像皆为圆雕，形体大致相同，保存基本完好。石人头戴小冠，身穿宽袍大袖，腰束带，脚着靴。身材壮硕，面目威武，目视前方，双手拄剑，恭立于方形石座之上。

这些高大的石人像俗称翁仲。据《山堂肆考》载："翁仲姓阮，身长一丈二尺。秦始皇并天下，使翁仲将兵守临洮，声震匈奴。秦人以为瑞。翁仲死，遂铸铜像，置咸阳司马门外。"另据《广舆记·陕西·临洮府·名宦》载："阮翁仲，身长二丈三尺……始皇时拜临洮守，威震匈奴。及卒，

翁仲

唐（618—907）

高3.75～4.16米，胸宽1.05～1.24米，侧厚0.64～0.90米

位于乾陵神道东西两侧，共10对

始皇铸为像，置咸阳宫司马门外，匈奴至者皆下拜。"又据《古今图书集成·方舆汇编·坤舆典》载："始皇并天下，使翁仲将兵守临洮，声震匈奴。秦人以为瑞。翁仲死，遂铸铜为像，置咸阳司马门外。匈奴见之者尤以为生。故古墓之间皆用之。"从以上资料得知，翁仲是一位勇猛善战的大秦勇士，秦始皇为了纪念死去的翁仲，遂以铸铜为像，其目的一是为了纪念英雄，二是为了震慑敌人，后来铜像逐渐演变成石像建造在陵墓前，其用途也是来守护陵园，因石人像无名，故以翁仲统称。

从文献记载看，坟墓前设置石人始于汉代，而帝王陵前置石人要以北魏孝庄帝静陵和西魏文帝永陵的石人为早。唐恭陵"号墓为陵"，神道两侧即有石人三对。乾陵、定陵和桥陵各有石人十对，均双手拄剑。泰陵以下十三座唐陵也各有石人十对，但东西两列已有区别，一般左文右武，文者执笏，武者拄剑。唐人封演说："石人、石柱之属，皆所以表饰坟垄，如生前之仪卫耳。"《隋书·礼仪志》记载："梁武帝受禅于齐，侍卫多循其制，正殿、便阁及诸门上下各以直阁将军等直领……行则仪卫。"唐初沿用隋礼，故乾陵、定陵和桥陵石人当属皇宫仪卫，身份可能为直阁将军或殿中将军。泰陵及以后诸唐陵石人，左文右武，这可能与当时唐陵石刻追求进一步的对称布局有关，另外可能也反映了那时朝仪制度的变化。

乾陵石人像虽形制、大小基本相同，但其面部表情却各不相同：有的皱眉，若有所思；有的庄严肃穆，气宇森然；有的神态虔诚，小心谨慎；有的神情愉悦，面带笑容；有的面带忧虑，神情悲伤。但这些栩栩如生、

翁仲（局部）

神态各异的石像，不管面部神情如何，浑身都充满了一股阳刚之气，庄严肃穆，不怒而威。工匠们将圆雕、浮雕、线雕技法综合运用在人物雕刻中，将它们各自的特点发挥得淋漓尽致，体现了唐代工匠的聪明才智和高超技艺。通过石人直立的形体和不同的表情，我们似乎可以感受到它们体内涌动着的一股力量。

乾陵石刻首次将人作为主题引入到陵墓石刻中，其数量之大超出以往陵墓中动物石刻的数量。这种变化，是因为统治者认识到社会的发展已不再寄托于天意神力，而是靠天子统帅的雄兵强将、仁人志士，靠人的智慧和力量，所以乾陵的石雕设置已由前代的神灵护卫变为犬马群臣，墓主不再是受上天神灵保护的天之骄子，而是驱使众生的天下人之主宰者。现实中人的力量在乾陵石刻中得到了更为充分的认识和肯定，这不得不说是一种观念的巨大进步。

此后，随着人物雕刻的越来越多，到盛唐时期其雕刻技法也逐渐趋于成熟。进入中唐以后，人物造型已开始向性格化的方向演变，艺术家们已不满足于单纯的程式性表现，人物形象更加生动写实，表情更加丰富，服饰雕琢更为细致，体型特征也更为明显，这显然是现实中相关人物的真实写照。这种写实性与内在性格刻画的审美追求也是自乾陵人物石刻为开端的发展必然。

唐代石刻的精美、圆润在乾陵石刻中显现得淋漓尽致，可以说乾陵石刻就是大唐社会蓬勃发展的实物佐证。乾陵石刻无论从规模上还是体量上，都体现出大唐盛世的宏大雄壮之势。乾陵石人像利用富于体积感及重量感的高大形体，表现了掩藏于衣服下的强健体魄，显示出蕴藏于躯体内的澎湃力量。如今，历经千年，乾陵石人也在风吹日晒、雨打雪淋中度过了千年，虽饱经风霜，历尽沧桑，但依然俊秀挺拔，卓然而立，诉说一段历史，见证一代辉煌。

（李青峰）

六十一蕃臣石像

九天阊阖 万国衣冠

站在这群蕃臣像前，目睹来自四面八方的宾朋，你也许会穿越到1300百年前的唐朝，领略大唐的盛世威仪和万国来朝的盛景。

在乾陵陵园内城朱雀门（南门）外，列置有大量蕃臣石像。据统计，共61尊，其中东群29尊、西群32尊，分东西四列、南北八排站立。习惯上，称这些石人像为六十一蕃臣石像。

"蕃"通"番"，是我国古代汉民族对其他民族的泛称。蕃臣像皆为圆雕，与真人一般大小，均有残缺。其所站立的方形石基座边长约在85～90厘米之间，露出地面8～21厘米。石人多身穿圆领紧袖右衽或翻领紧袖左衽武士袍；多数腰束革带，带上或挂细长小囊，或挂蹀躞带（盘囊），或挂鱼袋；足穿靴。双手拢于腹前，做持笏状。东群29尊石人，头部全部缺失，其中3人服装及配饰比较特殊。一人穿圆领宽袖右衽三折武士袍，左手持弓挂于左肩上；一人穿翻领紧袖左衽武士袍，头戴风披；一人穿圆领紧袖左衽武士袍，腹前横挂一匕首。西群31尊石人两尊有头，头残破。两人均穿翻领紧袖左衽武士袍，一尊头上部残，耳轮以上系发带，发带以下头发分成12绺，披于背部和两肩，颈部带环状饰品；另一尊蓄八字胡须，头发结辫盘于头顶后部。

乾陵蕃臣群像依据其紧袖阔裾、束腰着靴的服饰和双足并立、两手前拱的姿态推测，他们应当是效法唐太宗昭陵所立的十四国君长像。《资治通鉴》卷199记载，葬唐太宗于昭陵时，高宗为再现太宗生前四夷臣服的盛况，特意将被李世民所擒服的颉利等他族君长十四人琢石为像，刻名立于北司马门内。据唐人封演《封氏闻见记》卷6载："太宗葬九嵕山，门前亦立石马，陵后司马门内又有蕃臣曾侍轩禁者一十四人像，皆刻其官名。"

从上述记载及残存情况看，这些蕃臣像初立时，每个人的背部都刻有其国名、族别、官职、衔爵和姓名等文字信息，可惜历经千百年来的风雨侵蚀和人为破坏，如今大部分字迹已漫漶不清。北宋元祐年间（1086—1094），陕西转运使游师雄曾查考过乾陵蕃臣群像背部所刻文字，访得当地旧家所藏石人背部铭刻拓本，复录、转刻成四块碑石，分立于蕃臣像前，可惜碑已毁失。元朝李好文在编著《长安志图》时，曾找到游氏所刻石碑中的三块，录得39个蕃臣衔名，清人叶奕苞《金石录补》校记为38人。现代学者岑仲勉、陈国灿先生先后对此又进行识读和考补，确认现存衔名只有36位，其中有些人的事迹在唐代史籍里有记载。

六十一蕃臣石像（东群）

唐（618—907）

残高150～177厘米，肩宽54～65厘米

位于乾陵内城朱雀门门外东西两侧，东群29尊，西群32尊，共61尊

六十一蕃臣石像（西群）

蕃臣背部有关其国名、族别、官职、姓名等信息的缺失，给我们今天的研究工作带来了诸多不便，不得不说是个极大的遗憾。当然，我们无法控制自然破坏，我们也不是责怪古人对之保护不周、保存不善，我们只是提醒今人，保护文化遗产、保存文献资料是多么的重要。现在，六十一蕃臣像背部文字依稀可辨者仅七尊，他们分别是：朱俱半国王斯陁勒（西群第五排北数第二人）、于阗王尉迟敬（西群第二排南数第一人）、吐火罗王子特勤羯达健（西群第四排南数第一人）、吐火罗叶护咄伽十姓大首领盐泊都督阿史那忠节（西群第五排南数第二人）、默啜使移力贪汗达干（西群第六人南数第一人）、播仙城主何伏帝延（西群第八排南数第二人）、故大可汗骠骑大将军行左卫大将军昆陵都护阿史那弥射（西群第一排北数第一人）。

关于乾陵蕃臣石像的身份以及为何将他们刻立于此，历来众说纷纭。有人认为，他们是前来参加高宗葬礼的周边各少数民族首领或特使，也有人认为他们是乾陵营建之际前来助工役的人，还有人认为他们是谒陵吊唁的客使，但最新研究认为，他们是唐王朝属下的各族官员或质宿京城的诸属国国王、王子，其中绝大多数又是被唐朝廷敕封的大将、十二卫将军，并且同时受命兼任唐安北、北庭、安西等都护府属下的地方官员和民族首领。将他们刻像立于陵园，一方面显示唐王朝的国威，另一方面也显示唐与这些民族或友邦的良好睦邻关系。

据史料记载，乾陵蕃臣石像在明代中后期就已遭到严重破坏，倒地者过半，且多已无头。至20世纪初，所有石像的头部已经全部缺失。其中原因，不得而知。有说是明代关中大地震所致，有说是被文物贩子盗卖，还有传说是石人成妖，践踏庄稼，被当地老百姓敲掉了头。上述几种说法都没有依据，也经不起推敲，难成定论。但从蕃臣石像整齐划一地失去了头这一点来看，蕃臣石像的毁坏固然有自然因素，但人为因素可能更多些。

蕃臣石像的头部均已不存，我们无法弄清这些蕃臣的具体相貌。从现存情况来看，这些蕃臣的服饰和发型是不尽相同的，有穿紧袖袍服的，也有穿宽袖袍服的；有圆领，也有交领和大翻领。头发有编发，也有披发。这些石像均腰束带，脚穿靴，双足并立，两手前拱，从这些细部来看，雕刻手法比较写实，雕刻技艺相当高超。

乾陵陵园石刻众多，六十一蕃臣像、华表、翼马、鸵鸟、仗马、石狮、翁仲、无字碑、述圣纪碑等等，这些石刻高大雄浑、精美绝伦，其规模、其体量都远远超出了前代，充分体现了大唐帝国的巍巍盛势。

流年易逝，历史的烟云早已不寻，但站在这些蕃臣像前，你也许会有一种恍然隔世之感，一下穿越到1300百年前的唐朝，仪卫煊赫、万国来朝的盛世景象瞬间浮现眼前。

（李青峰）

《宫女图》
国际潮流 引领时尚

一群头梳高髻，身穿时装，带有国际范儿的唐代美女，真实地展现了大唐的时代风尚和无限魅力，同时给世人以无法比拟的视觉冲击和文化联想。

　　唐朝，是中国古代最为繁荣鼎盛的时代。每每谈起唐朝，总会让人有一种振奋与激昂、陶醉和向往。古都长安神都洛阳，两京盛地，文化、经济、建筑等在不同的时期各领风骚。尤其是武则天议政、参政、执政以来，各种新奇的事情不断发生，社会出现了日益精进的变化，特别是女性的社会地位愈来愈高，参与的社会活动愈来愈多，也愈来愈丰富，一改前朝的封闭与束缚。女性的魅力，如雨后的春笋，乍然释放。这个引领世界的盛世，像梦幻一样在开元时代到达了顶峰，变得不可逾越，扑朔迷离。

　　乾陵是唐高宗李治与女皇武则天的合葬墓，20 世纪 60 年代，由陕西省文物管理委员会组织考古人员，发掘了乾陵陪葬墓之一的永泰公主墓。

《宫女图》（局部）

唐（618—907）
总长1.68米，宽1.88米
1960年出土于唐永泰公主墓

墓室富丽堂皇，特别是前墓室壁画，保存较为完整。上有穹窿《天体》分布，下有侍女人物组合。着衣典雅，色彩华丽，分队站立，排列有序。前墓室共有八幅人物壁画，东西南北各四幅，共描绘了38个人物，其中36位为宫廷侍女，或9人一组，或7人一组，或2人，或单人，男侍为宦官造型，着红袍，手执笏板。

在众多的人物群组中，位于东壁南铺的一幅9人《宫女图》最为瞩目。

画面人物阔眉小口，丰肌玉面；发髻高挽，长裙短衫；肩披锦帛，袒胸露乳；姿态优美，雍容华贵。人物大小几乎与真人一般。在这幅图中画工将众多的人物进行精心的组合和分布，或持盘秉烛，或端盒执扇，或如意拂尘，或手捧盛着美酒的高足杯，或怀抱细软的锦包袱。正、侧、背，形态各异；思、忧、笑，神情内涵；时若伫立，时如驻足，时若行进，细腻而宛若、洋溢而典雅，疏密得当，错落有致。大唐宫廷女性服饰时尚、美艳绝伦，是因为这样的装束设计更能显示女性身材的修长、优美和灵动，其特点是华丽而富贵，轻柔而质感，透明而隐约，产生出如"风吹柳丝轻舞带，雨打荷花慢宽衣"的效果。细看图中，还有着翻领、圆领胡服的仕女，而这种受"胡风"影响的款式当时在唐代上层妇女及宫廷嫔妃中颇受青睐。

永泰公主墓的发掘，在当时国内外学术界引起了极大的轰动，被称为"八世纪的文明"。先后有许多国家领导人和驻华大使以及国内外参观团前来参观，惊喜、惊奇、惊叹之声，声声不断。

1962 年 6 月 7 日，中央美术学院副院长叶浅予同中央美院雕塑大师傅天仇带学生亲临现场，驻足两个多小时进行认真临摹，之后撰写了《记永泰公主墓》一文，题诗配图，刊登于 8 月 7 日的香港《大公报》上。

诗曰：

公主长眠宫女在，壁上着意塑粉黛。

口角眉目似有情，是喜是忧费疑猜。

长安人家掌上珠，一入宫门去无来。

赢得诗人多少墨，写向深宫幽处哀。

画工自有生花笔，不学文章枉弄才。

妙得容颜刻芳华，曲尽风姿写仪态。

寂寂廊下婷婷立，楚楚神态激人爱。

妙手到此功已毕，留得余思动尔哀。

1963年，中央新闻电影制片厂对永泰公主墓进行专题录制，并用2分钟的时间公开播出《唐永泰公主墓》专题片，轰动全国。1983年，日本朝日新闻社美术部主任疋田桂一郎为了能目睹《宫女图》真迹，不畏路途遥远，三次来到中国。回到日本后，他在《朝日周刊》上以整版篇幅介绍了乾陵唐墓壁画。

永泰公主李仙蕙生在帝王家，虽贵为公主，却没有享尽荣华富贵，生命短暂只有17岁，唐中宗用尽奢华来装扮女儿的幽宫大殿，艺术家用风情万种的笔墨勾勒了让后世人咋舌的《宫女图》，风靡时尚的宫廷"袒露装"一经面世，就让考古界、史学界、美术界、新闻界为之放大瞳孔、振臂高呼。

唐墓壁画之所以时尚、潮流、大气、浓郁，是因为唐人对外来文化无所不包，无所不容。这些美女如云的画面，是唐代宫廷典型的妇女形象，也是最为写实的经典之作。

（侯晓斌）

《阙楼仪仗图》

气象万千 皇家威仪

《阙楼仪仗图》为我们真实地展现了唐代皇家礼仪和建筑的风范，它是我们中华民族悠久历史的见证，也是我国劳动人民智慧的结晶，更是我们文化自信的根基。

阙，在古代是一种建在道路之上的门类示意标识，用来表示由此而始，行人从这里将进入一个"规定了的区域"。比如一个村子的道路上建造一座没有大门的"门楼"。简单地说，就是没有门扇的门楼。阙一般由屋顶、屋身、平座、墩台四个部分组成。按其等级分，有三出阙、两出阙和单出阙，以三出阙等级最高。三出阙，体积庞大，建筑宏丽，高峨雄威，气势恢宏。按其功能分为，有宫阙、坛庙阙、墓祠阙、城阙等等，如乾陵陵园的三道阙，皆为三出阙，但因建筑的毁坏，我们已无法看到原来的面目。而乾陵懿德太子墓墓道东西两壁上，为我们重现了大唐阙楼的壮观图画，也是目前唯一能全面了解皇家建筑的阙楼式样。

懿德太子墓是唐乾陵陪葬墓之一，由陕西省博物馆、乾县文教局与乾陵文物管理所于 1971 年 7 月联合发掘。出土文物 1000 余件，墓室壁画约 400 平方米，宏丽壮观、色彩斑斓、生动逼真，内容更是涉及四神、建筑、人物、车马、驯兽、饲禽、藻井、云鹤、天象等，使人身在其中，如回唐朝。据考古资料得知，该墓是迄今发掘唐墓中规模最大、等级最高的一座。有关它的资料我们以前可从 1972 年《文博》第 7 期《唐懿德太子墓发掘简报》中有所了解，也可从涉及有关中国美术以及古代壁画艺术介绍中简单了解。时隔 45 年，经过考古和文博工作者的不懈努力，2017 年 3 月《唐懿德太子墓发掘报告》终于由陕西省考古研究院和乾陵博物馆编著出版，完整、系统、专业地介绍了唐懿德太子墓的发掘和出土文物情况，这也是乾陵考古以来的第一本正式出版的发掘报告。

《阙楼仪仗图》整幅壁画由三部分内容构成，表现内容和手法各有不同。一为《山峦图》，属于青绿山水画；二为《阙楼图》，属于建筑界画；三为《仪仗图》，属于人物车马画。因为画面表现的是浩浩荡荡的太子仪仗队伍即将出城于阙外的场面，所以这幅画之间的青山、树木、阙楼、城墙、人物、车马、旗帜等都是相互映衬，既点主题，又明地理。

山峦，位于城墙之外、人物之上部。山势高耸陡峭，绵延不断，两壁呼应，气势宏伟。细看其山，或慢坡矮丘，绿树葱葱；或沟壑纵横，怪石嶙峋。近处树木皆用写实手法，似古松老柏，又似阔叶落木。山石上有苔藓点缀，崖面上有皴擦笔痕，勾线与晕染并用，水墨与敷色共施，既有水

《阙楼仪仗图》

唐（618—907）
总长9.8米，均高3.6米
1971年出土于唐懿德太子墓

墨山水的萌芽之势，又有青绿山水的开创之笔。因此，它的绘画风格反映了唐代山水画开局的重要阶段。

三出阙阙楼，为皇家所用。此图便为两组三出阙，其结构庞大复杂，由庑殿顶、屋身、平坐和墩台组成。庑殿顶为正脊、两头鸱尾相对，出檐深远，黑灰色瓦当排列紧密；顶下飞檐、斗拱、廊柱、直棂窗、障日板分布有致。屋身面阔、进深各三间，周有回廊，明间开红色大门，上有五排鎏金铜门钉和一对鎏金铜铺首衔环；铺作下施阑额和由额，由额下挂卷帘，帘上有帘绳和帘钩。平坐分为单勾阑和平坐斗拱，其所有扣件均为贴金铜饰件。墩台上小下大，外平砌包砖，黑白相间，但不错缝，周边饰以忍冬蔓草纹装饰。阙楼所有的木构均为红色，饰件为金色，屋顶为黑灰色，墩台为黑白相间，显得无比华美。阙楼在建筑构图上采用多点透视，屋顶为仰视，屋身为平视，墩台为俯视，陡然间增加了阙楼的巍峨高大。

仪仗，可分为四个部分。一是侍卫武士队，二是侍从文官队，三是骑马旗队，四是辂车队。其图为东西两壁对称而画，东壁104人，西壁92人，两壁共196人，列队整齐，但人物面目与着装各不相同。步卫仪仗队，黑色幞头，圆领开衩长袍，足蹬黑色靴，腰配弓韬、胡禄，一手摁长剑，一手于胸前；文官仪仗队，戴黑色小冠，着交领宽袖大红袍，白色腰带，阔口裤，线鞋，拱手而立；骑马仪仗队，一手举旗，一手牵马，袍分五色，旌旗飘扬；辂车队，红色的辕、舆、轮、华盖、垂旒、棨戟旗俱全，驾士和侍从一旁站立。车前有侍从执伞与扇，并有鞍辔齐全的仗马及控马人站立侍候。

2017 年 12 月 24 日，《阙楼仪仗图》作为陕西历史博物馆从馆藏 170 万件文物中精选而出的国宝亮相中央电视台《国家宝藏》节目，通过文物的前世演绎、后世讲述、精美展示、专家点评以及国宝守护人共同宣誓等多种环节向全国乃至全世界展示了中国古代文明的伟大成就。有专家在解读《阙楼仪仗图》时说："中国的传统建筑，它是我们中华民族悠久历史的见证，它们镌刻了苦难、抗争和辉煌；中国传统建筑，是我国劳动人民智慧的结晶，它彰显了质朴、优雅、灵动、豪气；中国传统建筑，是我们建筑人的文化自信的根基。我从事建筑设计几十年，总是不断地从中吸取营养，并且从中感悟到要与时俱进，不断创新。保护我们传统建筑历史遗存是我们每个中国人的责任。爱惜它，就是爱我们的先人；欣赏它，就是欣赏智慧和创造；传承它，就是延续我们中华民族的文化命脉。"由此，唐墓壁画又一次走进了世人的眼中。

纵观《阙楼仪仗图》，人物众多，画风细密，手法多样，保存完整，大气磅礴，乃鸿篇巨制，是表现唐代典章制度的写实作品，是我国唐代阙楼建筑最为珍贵的图像资料，让我们进一步了解了唐墓壁画的灿烂辉煌和伟大的艺术成就。2013 年 8 月 9 日，壁画《阙楼仪仗图》被国家文物局列为第三批禁止出境展览文物。

（侯晓斌）

《狩猎出行图》

万马驰骋 行如战场

皇家狩猎，既是一场狩猎活动，又是一场军事演练。声势浩大、序列整齐的《狩猎出行图》把我们带到1300多年前的狩猎现场，感受那紧张刺激的追逐与猎获。

在古代，狩猎是人类必不可少的一种生存方式。随着农业和畜牧业的发展和繁荣，人们的生活条件日益得到了改善，人类不再为了生存而整天与野兽打交道，狩猎活动逐渐转化为调剂生活的娱乐活动，但仍有一部分人以打猎为生，那就是所谓的猎户。

猎户打猎，范围很小，条件有限。皇家狩猎有专用的区域和范围，选择性较大，区域较广，主要以围猎为主。唐朝皇室狩猎，名为打猎，实为演练兵法战阵。狩猎的时候，皇室往往率领府兵和亲卫分进合击，完全是一支军队在打仗，少则数千人，多则上万人，铁骑所过之处，烟尘滚滚，将许多猎物合围一处。另外，皇家为了狩猎成果的丰硕，专门驯养了雕、鹰、鹞、鹘、猎犬、猞猁等专用于狩猎的动物，还有大型猫科动物猎豹，可以捕捉树丛和岩石等特殊地形里躲藏的动物，整个狩猎活动形成了陆地和空中的立体式围攻，所以范围内的猎物几乎很难逃命。

乾陵所在的梁山，也曾是狩猎之所。梁山，山势崔嵬，森林茂密，常有打猎活动在此进行。自从唐高宗李治安葬于此，这里便成皇家陵园，也成了普通老百姓的禁区，以致后来的人们只知道是乾陵，而不知是梁山。唐灭亡后，唐陵管理形同虚设，甚至无人管理，因此破坏较大。宋金时，这里已被金国所管制，驻军常常狩猎于此。我们从乾陵无字碑上遗存的契丹文中便可以看到乾陵狩猎活动文字记载："大金皇弟都统经略郎君，向以疆场无事，猎于梁山之阳。至唐乾陵，殿庑颓然，一无所睹。"

在乾陵的东南方向，有一座陪葬墓，它便是唐高宗李治和女皇武则天的第二个儿子章怀太子李贤的墓葬。李贤（655—684），字明允。永徽五年（655）十二月生于谒昭陵的路上。翌年正月封潞王，食邑一万户。显庆元年（656）拜岐州刺史，加授雍州牧、幽州都督。龙朔元年（661），封沛王加扬州都督兼左武卫大将军，仍任雍州牧。龙朔二年（662），加扬州大都督。麟德二年（665），加右卫大将军。咸亨三年，徙封雍王，授凉州大都督、雍州牧、右卫大将军、食实封一千户。上元二年（675）六月被册封为皇太子，曾屡次奉诏监国。李贤文武双全，处事明审，曾组织一批文人学士共注范晔《后汉书》，博得了文武大臣们的高度称赞和高宗皇帝的手敕褒奖，收藏于皇宫内阁。而这位皇太子却因和母亲武则天有

《狩猎出行图》（局部）

唐（618—907）

均高2.30米，长约8.90米

1971年出土于唐章怀太子墓墓道东侧

《狩猎出行图》（细节）

了政事上的矛盾,导致最后以谋反罪被废为庶人,流放巴州,文明元年(684)被迫自杀,时年29岁。初葬在四川巴州化成县山麓,没有任何身份。他有一首咏物托意的讽喻诗《黄台瓜辞》和曹植的《七步诗》类似,被收录在《全唐诗》中。诗曰:"种瓜黄台下,瓜熟子离离。一摘使瓜好,再摘使瓜稀。三摘犹自可,摘绝抱蔓归。"

李贤客死他乡,时隔一年之后,武则天使司膳卿李知十持节册命,追封他为"雍王"。神龙二年(706)七月,唐中宗将其兄李贤由巴州迁回长安,以雍王身份陪葬乾陵。景云二年(711),唐睿宗又追谥李贤为"章怀太子",并迁其妻清河房氏与之合葬。1971年7月2日至1972年2月,陕西省博物馆和乾县文教局组成唐墓发掘组发掘了章怀太子墓。该墓为斜坡土洞砖室结构,由墓道、过洞、天井、前后甬道、前后墓室等部分组成,全长71米。墓道开口宽3.3米,最深处距地平面7米。有四个过洞和四个天井,系仿生前居址的通廊和院落建。

在墓道的东壁绘有一幅大型壁画《狩猎出行图》,长约8.9米,极为壮观。画面由46个鞍马人物、2匹骆驼、5棵古树以及青山组成,描绘的是皇家贵族狩猎出行时大队人马行进在山间野外的壮阔场景。骑行在最前方的是几名执檛(zhuā,马鞭或驯兽的工具)的开道者,身后两侧是多名打旗卫士,中间众多人马簇拥着一位男子。此人身着青衣,没有带任何狩猎工具,胯下一匹披鬃散尾的白马,他体态雍容,圆脸微须,神态自若,与其他人截然不同,有人推测这很有可能就是墓主人章怀太子李贤。中间是大队人马，仔细观看，画中骑者均头戴黑色幞头，系红色抹额，束腰佩剑。穿各式短袍，有圆领或翻领，颜色有红、黑、白等。在他们的手里，有执槌，有打旗，有抱犬，有驾鹰，有的身后马背上还载有猎豹等；在骑者的腰部都还佩有弯弓、箭囊等。其胯下骑乘，有枣红色、杏黄色、白色和黑色等，马背上均铺有豹皮或虎皮，不尽相同。在队伍的最后，是几头辎重骆驼，整个画面显得非常写实，逼真地再现了唐代皇家贵族外出进行大型狩猎活动时的场景。最后，画面用苍劲的枯笔画出了五棵古树，显示出林荫山道古木森森，与鞍马人物、骆驼等殿后轻骑，形成了有藏有露及起、承、转、合的关系，使画面深幽空灵。同时，巧妙运用斜坡墓道，使这支出猎的众多人马，像从古木参天的大道呼啸而出，奔向山坡。全画犹如一曲优美的交响曲，由序曲引向主题与高潮，呈现出大唐达官贵族出猎的壮观景象，千骑奔驰，腾空越野，飒沓流星，驰骋畋猎。

大型的狩猎活动是当时上层社会的一种时尚。据史书记载，唐代由于帝王喜好狩猎，西域各国纷纷向唐廷进贡猎鹰、猎犬、猎豹，而在与之相距不远的唐懿德太子李重润墓的壁画中也有牵豹、架鹰、戏犬的场景，说明以各种动物助猎在唐宫廷中是极为常见的。

当年墓葬发掘后，为了有效地保护出土壁画，《狩猎出行图》在揭取时被分割成四幅，现珍藏在陕西历史博物馆，2013 年 8 月 9 日，被国家文物局列为第三批禁止出境展览文物。

（侯晓斌）

《打马球图》

马上运动 风靡时尚

古老的打马球运动，真实地再现了唐代的时尚运动和竞技表演，也把我们带入到 1300 多年前的盛况现场，感受那紧张刺激的挥杆击球与马蹄声声。

公元前五世纪的波斯帝国，有一种团体马上竞技运动流传很广，是为打马球，它极具挑战性和荣誉感。所以，这种运动在波斯皇亲贵族中发展和传播很快。波斯著名诗人菲尔多西曾不止一次在其著作《列王记》中提及马球，并称赞波斯萨珊王沙普尔二世七岁时便球技过人。马球运动要求极为严格，马为上等良驹，参赛队员训练有素，比赛场地环境优美，配套设施完整无缺。比赛中，讲究精准击球、优美挥杆、奋力争夺、协同作战。将运动中的平衡与协作、勇猛与力量、马术与信心、球技与心计融为一体。故而这种马背上的运动无疑也是锻炼精锐骑兵部队的绝佳游戏。又因马球运动所耗费的人力、物力和财力巨大，绝非普通百姓所能承受，因此兴盛于皇族和贵族。

1971 年，在唐章怀太子李贤墓中出土了巨幅壁画《打马球图》。之后，在 1995 年发掘的唐节愍太子李重俊墓和 2004 年发掘的唐嗣虢王李邕墓皆有《打马球图》壁画，这些壁画不仅突显了马球运动的尊贵，更显示出中外文化交流的学习与互鉴。

章怀太子墓《打马球图》上描绘了 20 多匹"细尾扎结"的各色骏马，马的身后皆以青山和绿树为背景。骑马人身穿白色或褐色的窄袖长袍，头戴幞头，脚蹬黑色皮靴，马身上鞍鞯俱全，并佩戴有鎏金马饰。壁画突出五个持偃月球杖的球员驱马抢球。为首一人左手执缰，右手执球杖，回头转身，欲击打距离很近的朱红色马球，其他队员驰马随之而来，整个比赛场面精彩激烈。马球的大小似拳头，用质轻而坚韧的木料做成，中间挖空，外面涂上彩色或红色的一些花纹。骑马人手拿长数尺的球杖，球杖的另一端呈弯曲的形状用来击球，形状有点像今天的冰球杆。画面的背景用起伏的山峦和五棵古树点缀旷野。整个画面静中有动，动中有静，充分显示出唐朝画工高超的绘画技巧和独具匠心的艺术构思。整个布局安排得紧张而有序，真正达到了"疏可走马，密不透风"的艺术效果。全图有起有伏、疏密相间、错落有致，非常成功地呈现出一种和谐的韵律之美。图中无论是人、马的细节描绘，还是山石、古树的粗犷勾勒，都能给人一种古朴、典雅的美感。

马球运动的吸引力巨大，唐朝时迅速在全国传播，上至皇帝与官僚，

《打马球图》（局部）

唐（618—907）
均高2.30米，长约8.90米
1971年出土于唐章怀太子墓墓道西壁

下至平民百姓，甚至皇宫里的宫女也都深深喜爱这种运动，并积极地参与进来。据文献记载，唐朝有21位皇帝，19位都是马球高手，如中宗、玄宗、穆宗、敬宗、宣宗、僖宗、昭宗都是马球运动的提倡者和参与者。唐玄宗李隆基为了打马球忘记吃饭那是常有的事情，所以，他也被称为"马球王子"。据《封氏闻见记》中记载，唐玄宗李隆基为临淄王时，与吐蕃打马球，曾率四人力克吐蕃十人，挥动球杖，所向披靡，连连洞穿球门，赢得全场喝彩。"三郎少时衣不整，迷恋马球忘回宫。"说的正是玄宗打马球入迷的情景。与玄宗相比，埋葬于乾陵正东方向的唐僖宗李儇算得上是一个"超级球迷"了，此人迷恋马球而荒废朝政，整天除斗鸡斗蟋蟀外，就是拼命地打马球，他曾说："朕若应击球进士举，须为状元。"他在逃亡期间，甚至都随身携带马球，因为玩马球而险些丧命。由于唐代帝王宗室的提倡和参与，马球运动在都城长安风靡一时。宫城内的麟德殿、清思殿、中和殿、雍和殿、含光殿等都有供帝王和贵族使用的球场。唐代男人们热衷于马球，女子也不甘落后。唐代诗人王建《送裴相公上太原》一诗中写道："千群白刃兵迎节，十对红妆妓打球。"反映了教坊女子打球的情形。唐代宗时，剑南节度使郭英乂曾聚女人骑驴击球，开创了驴鞠之风气。天宝六载（747），唐玄宗专门颁诏，令将马球作为军队训练的课目之一。京城内外到处筑有球场，宽阔的马路也可以用来比赛，这种风尚贯穿了整个唐王朝的始终，同时马球运动在唐代得到了发展和提升。

研究发现，这种充满朝气、刚健有力的运动形式完全符合大唐的文化精神。故而也就迅速融进了唐文化的血脉之中，成为承载唐朝人精神与个性的最好平台。唐代的马球运动不但是一种很好的体育运动，更是训练军队马上作战的能力。章怀太子墓出土的这幅《打马球图》壁画是国内罕见的描绘唐代马球比赛实况的珍品。

时过境迁，文化不灭，追慕古风，遗迹犹存。马球运动在中国大地上流传和发展了2000余年。出土的诸如打马球类的壁画、绢画、三彩、陶俑、铜镜、绣品等珍贵文物，形象完整地记录了马球运动在中国大地上的文明之花。2008年6月7日，马球经国务院批准列入第二批国家级非物质文化遗产名录。2013年8月9日，壁画《打马球图》被国家文物局列为第三批禁止出境展览文物。

（侯晓斌）

《客使图》

政治外交 情景再现

《客使图》是唐代政治、外交、民族融合政策的真实反映和体现。自面世以来，引起了众多学者、专家对唐代官员、外交制度和外来使者的深入研究。

唐代是古代中国的黄金时代，唐代的中国是当时闻名世界的东方帝国。唐代之所以强大，不仅国为强大的军事力量，更重要的是有开放、包容的政策引导。据《唐六典》记载，大唐帝国对外交往极为频繁，已同 300 多个国家和地区友好往来，每年都有大批外国使节、商人往来于长安城，长安也成为著名的国际大都会，享有"万国之会"的美誉。

为了管理这些繁杂的外交事务，唐王朝特设有专门的外事管理机构——鸿胪寺，负责礼仪接待、外交之事。鸿胪寺隶属尚书省，为礼部九寺之一，掌外宾、朝会仪节之事。最高长官为正卿（从三品），次官称少卿，置二人，官居从四品上。掌，领典客、司仪二署。凡四方"夷狄"君长朝见者，辨其等位，以宾待之。有寺丞（五品六品）、主簿、博士（七品）、太祝（九品以上）等，另外除礼仪接待之事外，还负责王后及"夷狄"君长之子袭官爵之事和皇帝太子为五服之亲及大臣发哀临吊之事。

《客使图》也叫《礼宾图》，主要表现的是唐代官员引见来朝觐见的使者或属臣的一个画面。1971 年发掘唐章怀太子墓时，发现这种政治性的国事接待场景竟然出现在墓室壁画中，说明唐代墓室壁画在很大程度上反映着现实生活。

《客使图》绘制在墓道的东西两壁，每幅图中各画有六人，其中前三位是朝廷鸿胪寺官员。从他们的服饰来看，东侧官员穿的是朝服，西边官员穿的是常服，对此不少专家学者对人物的构成和身份展开了学术上的讨论与研究。

如东侧的《客使图》，左起前三位，头戴黑色巾帻，外加黑纱武弁笼冠，冠带系于颌下；上穿白纱中单，外罩绯色阔袖袍服，领袖皆为黑边；下穿白色长裙裳，下端缀有黑色褶皱裙裾；腰束白带，前有宽长的蔽膝，后有长长的网格绶带——纷，垂及地面；足穿黑色歧头履，手执笏，服饰整齐统一，仪态落落大方，一副东道主的神情。根据《旧唐书·舆服志》记载，这应是鸿胪寺五品以上的外交官员。后面三个人服饰各异，神情拘谨，依次排列，显然是来自不同国度的使者。左起第一人，头顶光秃，头后有一圈卷发绕至耳鬓，脸型方正，深目高鼻、浓眉阔嘴，唇上留有胡须；内穿衬衣，外着翻领紫袍，腰束白带，脚穿长筒黑靴，双手叠叉，置于胸前，

《客使图》

唐（618—907）

高1.85米，宽2.47米

1971年出土于唐章怀太子墓墓道东壁

神态恭谦。据研究者分析，从其形貌和服饰来看，他可能是来自中亚地区的东罗马帝国（今土耳其地区）使节。第二人头戴尖顶"骨苏冠"，冠涂朱红色，左右两侧各插两根向上直立的鸟羽，有冠带束于颔下，脸型椭圆，面颊圆润，眉须清晰，表情严肃；身穿大红领宽袖白袍，衣襟镶红边，下坠黄色皱褶，白色宽腿大口裤，腰束白带，足穿黄色靴子，双手做拱手状，依据研究者分析，此人可能是来自朝鲜半岛——新罗国的使者。最后一人，方脸圆润，浓眉大眼，高鼻无须，头戴褐色护耳翻毛皮帽，身着圆领黄色袍服，腰间紧束黑色革带，外披蓝灰色大氅，双手拱于袖中，下穿黄色翻毛皮裤，脚蹬一双头尖黄皮靴，形象饱满憨厚，体格高大魁梧。据专家研究分析，他可能是来自东北严寒地区少数民族的室韦族或靺鞨族的使节。

西侧的《客使图》，右起前三位，头戴黑色高顶幞头帽，上穿绯色阔袖短褶（zhě，斜领长衫），有臂鞲（gōu，臂套，臂衣），领袖皆为黑边，腰束带，手执笏，下穿白色两档大口裤，足穿乌皮靴。前一人背身回头，后两位执笏拱手施礼，似在交谈。后面三位其他民族人物紧随其后，第一人，长圆脸，高颧骨，发梳脑后，嘴上留须，身着黄色圆领窄袖袍服，腰束革带，挂一短刀，足穿乌皮长靴，双手执笏拱于胸前。据专家研究，这位有可能是高昌（今新疆维吾尔自治区吐鲁番一带）人。第二人，宽脸，大眼，无须，盘发于头，脑后有两条帽带，身穿深褐色圆领窄袖袍服，腰束革带，足穿乌皮长靴，双手拱于胸前。据专家研究，他有可能是吐蕃人。最后一人，高鼻，深目，浓眉，络腮胡，头戴卷沿尖顶毡帽（亦称"胡帽"或"蕃帽"），身穿绯色翻领窄袖长服，内着红衬衫，腰系白带，足穿黑色长皮靴，双手执笏，形体高大魁梧。据专家研究，他有可能是大食国人或粟特人。

从章怀太子墓这两幅对称的《客使图》来看，有着明显的对比，东《客使图》中的三位鸿胪寺官员皆穿外事接待的礼服，仪态持重；西边的三位鸿胪寺官员穿的却是唐代流行的常服，队列松散；东边图中的三位他族人物，服饰各具特色，民族风格鲜明，双手只作拱礼；西边的三位他族服饰是广为流行的胡服，且有两人手中执笏，应该是臣子，似在行使日常朝事。因此，东《客使图》显得庄重大礼，表现的是国家礼仪；西《客使图》显得日常平凡，表现的是国家正常事务。

章怀太子墓绘制的这两幅《客使图》，在画面布局和人物刻画上处理得十分到位。唐朝的官员显得自信满满，外宾的神态都流露出对强大繁荣的唐王朝的敬慕之情。整幅画面人物形象写实，气氛严肃和谐。画工用线流畅精炼，着色浓淡结合、鲜艳而明快，形象刻画得形具而神生，反映了不同地区、国家和民族不同的精神气质，画面真实地再现了一千多年前大唐的外交活动。此类内容在唐代诸太子、王公、公主、大臣墓中均未发现，说明该图的重要性和珍贵性。

（侯晓斌）

《观鸟捕蝉图》
人与自然 和谐之美

宫廷侍女是唐代绘画中重要的题材，特别是反映宫廷生活的画卷，能极大地展现当时的社会经济情况和文化艺术发展的高度。

　　宫廷侍女人物画，是唐墓壁画中的重要内容之一，一般绘制在甬道和前后墓室。有单人单画，有主仆组合，亦有成群结队的构图形式。有室内廊下待侍的，有室外游园嬉闹的，亦有出行行使礼仪的，画面情景表现各不相同。

　　在章怀太子墓前墓室的东西壁面上，分别画有两幅表现宫廷侍女的画作，与永泰公主墓和懿德太子墓前墓室列队整齐的场面大为不同。这几幅画，每幅画面上只有三人，有观鸟捕蝉的、有起跳胡舞的、有怀抱乐器的，画面整体感觉是愉悦的。特别是位于西壁南铺的《观鸟捕蝉图》，动静相生，妙趣横生。

《观鸟捕蝉图》

唐（618—907）
画幅高1.75米，宽1.80米
1971年出土于唐章怀太子墓前墓室西壁南铺

　　整个画面由三人、一鸟、一树、一石、一蝉组成。左边的一位侍女，头梳小圆髻，丰颊阔眉，朱砂点唇；内穿窄袖短襦，上罩唐代妇女流行的半袖衫，外披红色长巾；下穿绿色曳地长裙，足蹬云头如意履；左手托长巾，右手执钗于脑后，仰观上方展翅飞翔的小鸟。她的动作看起来优雅而轻柔，高贵而典雅。但长期的宫廷生活消磨了她的青春，从她的眼神和表情上，流露出一种向往自由生活的愿望与丝丝的忧郁。右边的一位侍女，其装束与左边执钗观鸟的侍女相同，只是她双臂交锁，挽长巾于胸前，平视前方，显得沉稳、缄默、平静。中间的那一位侍女与两边的人物特征反差很大，她头梳丫髻，丰颊滋润，直鼻小口，眉目有神；上穿黄色圆领长袍，腰束带，下穿黄色裤子，足蹬尖头软鞋，左手微举，右手拂袖，莲步轻移，全神贯注地捕捉前面树干上那只吱吱鸣叫的小蝉；她身着当时最为新潮的男装，形象显得天真烂漫，稚气可爱，能看出她还年轻，对生活还充满着热爱和向往。

画家笔下的人物、鸟虫，生动而传神。无论是观鸟者、伫立者，还是捕蝉者，仅仅通过其注视的眼神，就使我们感觉到了人物的性格特征。画家笔下的小树，虽不是枝繁叶茂，却显得枝叶挺拔，充满强盛的生命力。画家笔下的石头，圆润而平滑，使人感到岁月的漫长。画家笔下的小蝉，小巧玲珑，了了几笔，就使人感到它在吱吱鸣叫。而那使人关注更多的就是那只高飞的戴胜鸟。戴胜鸟，生活在我国长江以北，属于夏候鸟，一般夏季才会见到。北方又称它华蒲扇，一般长约 30 厘米，体重 60 ～ 80 克，嘴细长而弯曲，头上有棕栗色的羽冠，素日平伏，鸣叫时耸立展开，犹如羽扇，特别显著、美丽，体羽主要以棕色为主，全身错落有致地长有黑色或白色横斑，雌雄相似，能大量消灭森林中的害虫。戴胜鸟在走路时，一步一啄，有若耕地，故而戴胜有劝人农耕之意。是农业的保护神，属国家三有保护动物。唐代诗人韦应物的《听莺曲》中曾有对戴胜描写的诗句："伯劳飞过声踘促，戴胜下时桑田绿。"诗人王建又写《戴胜词》："戴胜谁与尔为名，木中作窠墙上鸣。声声催我急种谷，人家向田不归宿。紫冠采采褐羽斑，衔得蜻蜓飞过屋。可怜白鹭满绿池，不如戴胜知天时。"戴胜鸟看似悠闲，却非常机警。因为它的美丽会引来不少麻烦和危险，所以它从不放松警惕。戴胜鸟还有着耿直和忠贞不渝的禀性，使它自古以来就成为宗教和传说中的象征物之一。

《观鸟捕蝉图》是唐墓壁画中的经典之作。在这幅画中，画家没有表现出一寸宫墙，却使我们感到了宫墙的高大和森严；没有时间的交代，但一只小小的夏蝉和一只美丽的戴胜鸟就清楚地告诉我们这是在六七月。在这里，这三位侍女是没有太多自由的，那只小蝉也面临着被捉住的可能，只有这只戴胜鸟是自由的，也最能使美貌渐衰的宫女常常叹息。这幅画出色地表现了唐代宫苑中宫女们与雀蝉为伍的闲散无聊的生活场景，为我们今天的观赏者定格了一段精彩的历史。20世纪80年代，一群文艺工作者面对着这幅画思绪万千，心潮澎湃，创作出了一首美妙的《观鸟捕蝉曲》，复活了千年的梦想，在朝鲜的首都平壤举行的第六届亚洲音乐论坛和专题讨论会上被评为好作品，赢得了极高的赞誉。

唐代是中国壁画艺术发展的鼎盛时期，其博大精深的内涵如实地记录了那段辉煌的历史；其独特的艺术风格与艺术魅力为世人瞩目。这幅深埋了一千余年的《观鸟捕蝉图》让我们深刻体会到了古人将现实生活和艺术的创作巧妙结合的高超水平，而那只唐代墓室的戴胜鸟，也让今人遐想。

（侯晓斌）

唐三彩镇墓兽

唐墓守卫 变形金刚

　　中国古人敬畏天地鬼神，崇尚"事死如事生"，一般会在墓中放置一些镇墓驱邪之物。镇墓兽，就是古人丧葬习俗中放置于墓葬内，用于镇墓辟邪的一种明器，一般放置于墓门两侧，起着守卫墓主、使墓室不受侵扰、护佑墓主人灵魂平安升入天国的作用。古人认为，人在死后埋入地下，阴间会有各种野鬼恶魂侵害或滋扰到死者的灵魂，因此必须借助具有超越自然灵性和力量的镇墓神物以保证死者亡魂的安宁。所以设置镇墓兽的目的不仅是为了辟邪、震慑鬼怪、保护死者灵魂不受侵扰，也有引领死者灵魂升天的作用。

　　唐章怀太子墓出土了两件大型三彩镇墓兽。从外观上看，这两件镇墓兽面貌各异。人面兽身形镇墓兽,呈蹲踞状,头上有独角,方脸大耳,怒目圆睁,肩生双翼,呈狰狞状。胸肌鼓凸,前肢撑挺,后肢屈蹲,似有蓄势待发之势,霸气外露地立于高约 18 厘米的镂空台座上。龙面兽身形镇墓兽,亦呈蹲踞状,头上有枝杈形双角,肩有山字形双翼,张口露齿,凶气十足,警觉地立于高约 18 厘米略呈方形的镂空台座上。两件镇墓兽像两个机警而忠诚的卫士,正目不转睛地看向前方,仔细地观察着周围的一举一动,时刻准备履行自己的职责。

唐代镇墓兽的质地早期主要以陶质为主,工艺上多运用彩绘,如昭陵唐郑仁泰墓出土彩绘釉陶镇墓兽。发展到兴盛时期则多以彩绘釉陶和唐三彩为主,如乾陵陪葬墓唐章怀太子墓出土的这组镇墓兽,到了后期大多以不施彩釉的红陶素胎制作。

唐代镇墓兽一般都是和武士俑成套出现,并一前一后各自成对置于墓室之中。盛唐是镇墓兽发展的盛行时期,这一时期的镇墓兽做工繁复、精美华丽,具有极高的艺术观赏价值。唐代后期,镇墓兽的造型和制作工艺已经发生了本质上的变化,体型变小,制作比较粗糙简单,已经没有了盛唐时期宏大的造型气势和华丽的彩绘装饰。到了晚唐,由于安史之乱对社会和人们生活的极大冲击,镇墓兽在丧葬制度中的地位发生了较大的变化,人们对生活的追求已经由精神追求回归到对实际生活中的物质需要和对美好生活的向往,一些贴近生活的猪、牛逐渐取代了镇墓兽的地位而出现在墓葬中。这也体现出社会状况对人们思想意识和丧葬礼俗的影响。

人面兽身形镇墓兽

唐（618—907）

头上独角长29厘米

两件三彩镇墓兽通高均达110厘米以上，宽50厘米，厚25～30厘米

1971年出土于唐章怀太子墓

龙面兽身形镇墓兽

唐（618—907）
头上枝杈形双角长32厘米
1971年出土于唐章怀太子墓

关于镇墓兽的来源，史料记载不一。据《周礼》记载，有一种专食亡人肝脑、出入于陵墓的怪物，叫魍象。同时又有一种神兽叫方相氏，相传是驱疫避邪的神，有驱逐魍象的本领，所以人们常用方相氏立于墓侧，以防怪物的侵扰。还说这种方相氏为人身兽足，黄金四目，掌蒙熊皮，头套面具，黑衣红裤，执革举盾，是驱鬼除怪神兽的象征。所以有学者认为，在墓葬中使用镇墓兽的习俗以及镇墓兽的造型，就是由方相氏的传说演化而来。

唐章怀太子墓出土的这两件镇墓兽均体量高大，雄健有力，通体施釉，是唐朝三彩制作工艺的典型代表。在造型方面，人面兽身形镇墓兽，设计者将极具智慧的人头、善于翱翔的禽鸟、勇猛动物的顶角、奔跑神速的马蹄等众多元素巧妙地融为一体，使其兼具人的思想和动物的威猛。龙头形镇墓兽，也是肩生双翼，并长有鹰形爪，冲天犄角，其勇猛和超强的本领不言而喻。

凡此种种，无论何种长相奇特、形象诡诞的镇墓兽都是古代丧葬礼制中不可缺少的一部分，它以鲜明具体的形象表现了古人对墓葬礼制的崇拜和敬畏，同时也寄托了人们对逝去亡故者灵魂和肉身在阴间不被各种魑魅魍魉打扰，可以享受清净、早登极乐、羽化升仙的美好期盼。其形象充分包含了那个时代人们的审美观和社会风俗的思想理念，有着深刻的文化内涵和精神寄托。

总之，这对镇墓兽，整体组合完美，造型奇特，可在水、陆、空三处任意穿梭，充满无限的智慧和力量，仿佛唐时的"变形金刚"，具有多种超强本领，反映出古代劳动人民的伟大智慧和美好愿望，堪称唐代丧葬文化艺术的杰出代表。

（李阿能）

唐三彩天王俑

护法驱魔 天界之神

唐人利用佛教中的天王尊神为死者守墓驱邪，以确保墓室不被打扰，逝者亡魂能早登极乐世界。体现了『事死如事生』的丧葬观。

古代社会，人们信奉生死轮回，相信人去世后只是肉身死去，但灵魂不死。灵魂以另一种形式存在，仍可感知世间万物。为了驱魔辟邪，震慑鬼怪，保护死者的灵魂不受侵犯，同时也为了达到恐吓盗墓者的目的，达官显贵家庭死者的亲属多会在墓中放置镇墓俑类，以警示墓室侵扰者。镇墓俑类一般包括镇墓兽、十二生肖俑、武士俑和天王俑等。

天王也称神王，源于佛教中统领一方的护法神，其形象一般出现在佛教的寺庙和石窟中。佛教自汉代传入中国后，逐步汉化，天王也逐渐失去原来的姿容和身份，成为经过艺术夸张的中国武士形象，其象征意义已经超越佛教领域，成为凡人世界正义、威猛的象征。天王俑的出现正是人们在佛教思想的影响下，以现实生活中武士的形象为依据，融入了人们的某种想法，加以艺术夸张创作而成的。天王俑既能降魔伏妖，守护佛法，也能驱鬼辟邪，保护墓主的安宁，因此天王俑往往被达官显贵奉为死后的保护神，因其佛法无边，有天王俑在，可保死者灵魂安宁、平安轮回。在佛教四大天王中，世人唯独将北方天王毗沙门天运用到墓葬中，与其是北方守护神，而地上墓葬多坐北朝南，墓室居北有关。

唐章怀太子李贤，是高宗李治与女皇武则天所生第二子，一生经历坎坷，虽贵为太子，却因政治原因不能善终，死后曾两次下葬，三开墓门（初葬四川巴州，二次以雍王身份陪葬乾陵，三次以太子身份与太子妃清河房氏合葬）。所以，该墓的随葬品和壁画都发生过很大变化，墓中的大型三彩类居多，既有镇墓兽，又有天王俑。

三彩天王俑，出土于唐章怀太子李贤墓第二天井东西壁龛内，共两件，左右对称，互为一对。其一：身着明光铠，头戴翻沿凤翅型兜鍪，怒目圆睁，面稍右偏，抿嘴俯视，做呵斥状，左手叉腰，右手做半握拳持兵械状，左腿直立，右脚下踏一卧伏挣扎状人面大耳鬼蜮。该俑及其脚踩之鬼蜮通身施以红、黄两釉，间以绿釉，立于高 18 厘米的镂空台座上。其二：头戴翻沿凤翅型兜鍪，竖眉怒目，面稍左偏，抿嘴俯视，做呵斥状，右手叉腰，左手做半握拳持兵械状，右腿直立，左脚踩踏于一俯身人面鬼蜮肩部，脚下鬼怪人面、尖帽大耳，鼓目咧嘴，头向上仰做挣扎状。该俑及其脚踩之鬼蜮通身施绿釉，间以红、黄两釉，立于高约 18 厘米的镂空台座上，

唐三彩天王俑（其一）

唐（618—907）

通高126厘米

1971年出土于唐章怀太子墓

唐三彩天王俑（其二）

唐（618—907）

通高128厘米

1971年出土于唐章怀太子墓

神情自若、威风凛凛。其警示意义在于，天王为镇守地宫之王，谁若胆敢前来侵犯盗扰，那么其下场必将同这鬼怪一般永远被踩在脚下。

在众多墓葬考古发掘中，初唐的墓葬中只有镇墓兽和镇墓武士俑。从唐高宗时期开始出现镇墓天王俑，并逐渐取代武士俑，其身份也超越了佛教的护法神，成为墓主的守护者，为墓主降魔伏妖，驱鬼辟邪，保护墓主安宁。较早时期，镇墓天王俑通常为脚踏卧兽——牛、羊的式样。武则天至中宗时期，除了脚踏卧兽外，又出现了一种脚踏俯卧状鬼怪的式样。唐玄宗时期，流行脚踏蹲坐状鬼怪式样。天王俑的出现和存在，也反映了特定时期的丧葬文化和社会习俗。

古代墓葬中最具威慑作用的武士状、天王状镇墓俑的艺术形象最早始自西晋，是人们依据现实生活中武士的形象加以艺术夸张创作而成。其表现为头戴兜鍪，身穿莆袖铠，上多饰鳞甲，左手持盾，右手握拳似持物状举于身侧。南北朝前期的镇墓俑则表现为头戴兜鍪，身披裲裆，下着长袴，左手持盾，右手似持物状。南北朝后期，镇墓武士俑的服饰则推陈出新，明光铠逐渐替代楠档，并一直沿用。隋唐时期墓葬的镇墓俑，一般表现为方面阔额，浓眉瞠目，高鼻大口，头戴兜鍪，身着铠甲，一手叉腰，一手高举握拳，显现出面容威猛、神态严峻、力大无穷的姿态。唐章怀太子墓出土的这两件镇墓天王俑正是其形象的典型代表。

（李阿能）

唐三彩文臣俑、武官俑

地宫重臣 文武双雄

智能解天意，勇者无感欺。唐代重视文武兼备，「修身，齐家，治国，平天下」的施政纲领和治国理念，是唐人有别于其他朝代非凡气度的集中展现。

　　在唐章怀太子李贤的墓中，有数量较多的大件三彩俑随葬品，而且烧制工艺精良，品相上乘。其中三彩文臣、武官俑，寄托了后世帝王对逝者的尊敬和无限哀思。

　　李贤是唐高宗李治与武则天所生第二子，自幼聪敏俊秀，容貌端正，在武则天的四个儿子中天分最高，因才思敏捷，好文史，行为举止颇具大家风范，深得高宗李治的欣赏与喜爱。曾一度被立为太子参与治理朝政并独自监国，因其处事明断谨慎，言行得体，朝廷群臣无不服其识量。此外，李贤除了听政学习政务之外，还积极招募文学之士著书立说，并取得令人瞩目的成就。他在任太子期间，著有《春宫要录》十卷、《列藩正论》

三十卷、《修身要录》十卷，并召集文官注释《后汉书》，被唐高宗大加称赞，认为这是"家国之寄，深厚所怀"，并号召其他皇子向他学习。后因与母后武则天存在政见分歧，矛盾愈来愈多，招致被废。章怀太子李贤一生文武兼修，是当时最具声望的皇位继承人选，但终未能实现自己的政治理想和抱负，于684年病逝于巴州。在他去世的22年后，他的弟弟中宗李显即位，将其以雍王身份迁回长安，陪葬乾陵。景云二年（711），唐睿宗李旦又追赠其为"章怀太子"以礼陪葬乾陵，随着身份变化，李贤墓中增置多件体量高大、釉色艳丽的三彩随葬品，以显示其尊贵身份。

文臣、武官俑，一组两件。文臣俑泥质红胎，头戴三梁进贤高冠，身着交领广袖及膝长袍，腰束带，足蹬三彩云头屐（如意履），双目平视前方，双手拱于胸前，双腿微分，肃然恭立于不规则树墩形底座上。此俑形体高大，通身施绿釉，造型逼真，釉色鲜艳。仪态清俊儒雅，气质形象俱佳。

武官俑头戴鹖冠，冠上鹖鸡做展翅欲飞状。俑身着交领广袖及膝长袍，腰束带，脚着靴，目视正前方，阔鼻，闭口，双手拱于胸前，双腿微分，巍然站立于一不规则树墩形底座上，面容和善，神态庄重，通体施绿色彩釉。但在儒雅的外表下，亦难掩饰其英气逼人的武将风采。

这两件三彩陶俑均形体高大，保存完整，造型逼真，釉色光鲜靓丽，工艺考究，制作精良，属模制随葬器皿，代表了盛唐时期唐三彩制作工艺的高超水平，再现了唐朝开放包容、辉煌灿烂、文武兼备的气质形象和精神富足的文明成果。

唐三彩文臣俑

唐（618—907）
高115厘米，宽29.5厘米，厚24.5厘米
1972年出土于唐章怀太子墓

唐三彩武官俑

唐（618—907）

高117厘米，宽29.5厘米，厚24.5厘米

1972年出土于唐章怀太子墓

唐章怀太子墓出土的文官俑所戴的三梁进贤（德）高冠和武官俑所戴鹖冠，都是唐朝官帽的一种。进贤冠为古代汉族冠饰之一，是官员朝见皇帝时所戴的一种礼帽，原为儒者所戴，唐时百官皆戴用。《后汉书·舆服志下》载："进贤冠，古缁布冠也，文儒者之服也。"通常以铁丝、细纱为材料，冠上缀梁，以梁的多少区别等级，常见有一梁、二梁、三梁数种，以三梁为贵。冠一般前高后低，前柱倾斜，后柱垂直，戴时加于巾帻之上。两汉时期已颇流行，上自公侯、下至小吏都戴进贤冠，汉代以后历代相袭。自晋代起，皇帝也戴五梁进贤冠，沿袭至唐宋法服中仍保有重要地位，但其形式也不断变化，到明朝演变为梁冠。元代以后曾一度用于侍仪舍人，清代以后其制被废。

　　进德冠是唐时皇帝赏赐宠臣之冠。唐刘肃《大唐新语·厘革》载："至贞观八年，太宗初服翼善冠，赐贵官进德冠。"《新唐书》记："太宗常以幞头起于后周，使武事者也，方天下偃兵，探古制为翼扇冠，自服之。又进德冠以赐贵臣。"可见，进德冠为重臣所戴，视为荣耀之冠。史书记载："进贤冠，三品以上三梁，五品以上两梁，九品以上一梁。"进贤冠、进德冠同为皇帝赏赐贵官之冠，其佩戴规制也应相似。三梁进贤（德）高冠是唐太宗李世民结合进贤冠和幞头亲自创制的，以冠梁数区分等级，作为礼冠，以赐臣下。一般情况下为皇帝七梁、王五梁、三品以上的贵官三梁，能享受如此冠制殊荣的文官俑其身份都非常的尊贵。唐章怀太子墓出土文官俑亦戴象征重臣身份的三梁进贤（德）高冠，更加体现出墓主身份的无比尊贵。

　　武官所戴鹖冠是一种以鹖鸟作为装饰的冠，是古时武官佩戴的一种流行冠服。其上所饰鹖鸟，是一种勇健好斗、不惧生事的鸟。相传春秋时孔子的弟子子路曾戴过这种冠。到了唐代，在武士的冠上经常可以看到鹖这种装饰物，它是猛健与常胜将军的标志。官帽和官服历来是封建社会地位与权力的象征，相当于现代社会的文凭与职业服装。

　　这两件三彩俑，主色调为绿釉，给人清新之感之余亦不乏庄严稳重，时刻渗透着大唐万邦来朝的高贵与庄重气息。俑造型高大，装饰简洁，仪态万千，虽历经1300多年，但色彩依然艳丽如初，因其特别，曾多次出国展览。

（李阿能）

唐三彩贴花马

斑驳琉璃 彩陶神骏

在烈火中煅烧，随色釉而敷彩。一匹鞍鞯齐全的神骏，洋溢着无限的风采。马是人类最忠实的朋友之一，白色的骏马愈加的珍贵。

雕塑是凝固的生命。从素陶到彩陶，从彩陶到釉陶，从釉陶到瓷器，古人用非凡的创造力，让泥土呈样出别样的风采。

唐三彩，全名唐三彩釉陶器，是盛行于唐代的一种低温釉陶器。虽名"三彩"，却不只有三种颜色，釉彩包括黄、绿、白、褐、蓝、黑、紫等多种颜色，这些颜色有单用，也有混合使用，以黄、绿、白和黄、绿、赭等最为常见。

唐三彩制作工艺复杂。首先，采来的矿土经过挑选、舂捣、淘洗、沉淀、晾干后做陶坯，然后用含铜、铁、钴、锰、金等矿物作为釉料的着色剂。经过高温、低温二次烧制，釉面在烧制的过程中向四周扩散流淌，各

唐三彩贴花马

唐（618—907）
长85厘米，高70厘米，宽31厘米
1960年出土于唐永泰公主墓

色釉互相浸润交融，形成自然而又斑驳绚丽的色彩。

1960 年，在唐永泰公主墓出土了一匹鞍鞯齐全的白色大马，令观者赞不绝口。这匹马身材高大，通体洁白，剪鬃缚尾，颔首而立，鞍鞯齐备，健劲有力。细看做工，膘肥体壮，神采奕奕，头戴辔头，双耳前耸，尾尖上翘，赭绿色的鞍鞯，带上饰卷草贴花，宝石镶嵌，黄绿相间，尽显奢靡华贵。

唐三彩的题材多为动物和人物，其中以三彩马最为常见。李唐王朝的统治者本身具有游牧民族的血统，后来又要抗击北部少数的侵扰，唐朝特别注意对马的驯养。马已经成为唐人生活不可或缺的组成部分。诗人李白曾吟出"五花马，千金裘，呼儿将出换美酒，与尔同销万古愁"的诗句。当时画马的画家深受唐朝人喜爱，如曹霸当时就以画马闻名天下。大诗人杜甫还为他写下有名的《丹

唐三彩贴花马（局部）

青引赠曹将军霸》夸曹霸画马"一洗万古凡马空"。

唐朝盛行尚马之风，无论是铁骑疆场、宫廷舞马、画家画马、诗人写马言志，还是出外骑乘或狩猎活动、体育竞技等都离不开宝马良驹。永泰公主墓出土的这匹三彩贴花马，全身用了14件花叶形马饰装配，显得高贵华美，其身上没有马镫，脖子没有马缰，应该是唐朝宫廷仪仗队中的仗马。按照唐代制度，仗马的待遇相当高，等同一个朝廷三品官员俸禄。

大唐多元的文化造就了人们对绚烂艺术的新追求。陶瓷艺术则从崇尚素色向彩色转变。艺术是时代的风尚。当盛唐厚葬之风遇到三彩技艺，一发不可收拾。唐三彩作为唐代墓葬的主要明器，数量繁多，艺术精品纷呈。它们反映了唐王朝的政治、文化、社会生活状况，和诗歌、绘画、建筑一起，共同构筑了独具特色的唐代文化。

（张鑫）

唐三彩载物骆驼俑及牵驼胡人俑

丝路驼铃 沙漠之舟

驼铃声声，不远万里，艰辛取道，名垂青史，将中西经济贸易和文化文明交流推至历史的巅峰，战胜了天地人的阻碍，融合了你我他的思想。

1877 年，德国地理学家李希霍芬在其著作《中国》一书中首次提出了"丝绸之路"的概念。其后，德国学者赫尔曼进一步将丝绸之路的终点延伸到地中海西岸和小亚细亚，确定了丝绸之路的基本内涵，即它是中国古代经过中亚通往南亚、西亚以至欧洲、北非的陆上贸易交往的通道。自西汉张骞出使西域，开拓丝绸之路后，东西方贸易与文化往来愈加频繁。唐朝国力强盛，"相知无远近，万里尚为邻"，中国和西域各国贸易更加频繁，唐代既是陆上丝绸之路全面发展的黄金时代，也是海上丝绸之路开始兴盛的重要时期。

以跨国商贸为基础的丝绸之路上，流通着钱币、金银器皿、玻璃器、

唐三彩载物骆驼俑

唐（618—907）
高83厘米，长66厘米
1971年出土于唐章怀太子墓

瓷器等精美器物。物换星移，这些驼背囊袋里的贸易品也许早已消失，但它们的影响力将通过艺术长期保存。

出土于章怀太子墓的唐三彩载物骆驼俑，造型俊美，体形高大，是乾陵陪葬墓出土最大的一件三彩骆驼。它曲颈上仰，二目圆睁，鼻张口合，两耳高竖，四肢坚定有力，尾巴卷曲灵巧。骆驼的背上有的带有虎头形的包，上有夹板分隔，两侧饰以兽面纹，四周以绳索固定，里边装有贵重的商品；有的背上还备有途中搭帐篷用的竹排，饮食所用的水瓶和野兔、野鸡，这正是丝路的真实写照。

骆驼，是丝绸之路上的重要运输工具，分双峰驼和单峰两种。骆驼性情比较驯顺、又易骑乘，能驮运将近 200 公斤重的货物，每天行走 60 多公里，数日不喝水，仍能在炎热、干旱的沙漠、戈壁、盐酸地、山地及积雪很深的草地上运送物资。因此，它被誉为"沙漠之舟"。

唐三彩牵驼胡人俑

唐（618—907）

俑高67厘米，宽17.5厘米

1971年出土于唐章怀太子墓

丝路上的商人，多为粟特人。粟特人原是古代生活在中亚阿姆河与锡尔河一带操伊朗语族东伊朗语支的古老民族，从我国的东汉时期直至宋代，一直活跃在丝绸之路上，以长于经商闻名于欧亚大陆。粟特人不辞劳苦，沿丝绸之路东西往返，由之形成了许多粟特聚落地，也拥有很多豪商大贾。中国史籍习称这些人为昭武九姓，其姓氏以安、康为主体，还有曹、史、石、火寻、戊地、米、何等。出土的这位三彩牵驼胡人俑，高鼻，深目，红箍分鬓两髻。身着绿色翻领紧袖长袍，腰束带，下着黄绿色窄腿裤，典型的胡人形象。他右手前曲上扬，做牵缰状，头微上扬，凝视骆驼，嘴启露齿，似乎在说："骆驼，启程啊！"

　　通过这些三彩俑可以看出，唐人将丝路上的骆驼和人都塑造得精神饱满，昂首挺胸，没有半点低声下气，体现出乐观向上的精神面貌，证明在唐人的心目中能够穿越万里来到长安城的个个都是英雄。

　　时光倒流，往事千年。这组唐三彩载物骆驼和牵驼胡人俑带着大唐盛世的荣耀深藏在乾陵的脚下，1972 年，章怀太子墓的发掘让它们重现天日，一展当年丝绸之路的雄风和豪壮。

（张鑫）

唐三彩骑马狩猎俑

全副武装 狩猎卫士

狩猎是古代皇家贵族、上等社会的一种时尚，有得有失，有利有弊。能尊天地万物，行"田猎之礼"者，可谓明君；扬天子军威，无忌民生，破坏生态农田者，可谓昏庸。

"田猎之礼"出现于周代，属于五礼中军礼之一。田猎一般每年举行四次，由天子带领群臣参加，目的是为了宣扬天子武功、训练军队、取得用于祭祀的猎物等。但是，由于对农田和庄稼会产生破坏，田猎一直以来饱受诟病，到宋仁宗时期，这一制度被废除。

唐初在河陇地区置牧，归太仆寺之典牧署管理，后期置群牧使管理，定期向朝廷进献良马。官马养在园苑内的官马坊，由殿中省尚乘局负责管理，称六闲马，为帝王仪仗及游猎时使用。武则天时期置闲厩使，专掌舆辇、牛马。帝王、贵族的大型狩猎活动，促使了各种营生的滋生。开元时期，闲厩使兼管五坊，以供时狩。五坊即雕坊、鹘坊、鹞坊、鹰坊、狗坊，

唐三彩骑马狩猎俑

唐（618—907）
高34厘米，长28.5厘米，宽12厘米
1971年出土于唐章怀太子墓

各坊都有自己独立的正副使，其下有负责五坊侍卫工作的五坊使押衙，还有负责鹰鹞训练的五坊小使及五坊小儿等，除服务于帝王的狩猎而外，还服务于朝廷的各种游戏活动。

章怀太子墓出土的文物中与狩猎活动有关系的居多，如大型壁画《狩猎出行图》，数量较多的三彩、彩绘骑马狩猎俑以及一些釉陶猎犬、野猪等，造型各异，不相雷同。其中有一件佩长剑和弓囊的骑马狩猎俑，形象俊美，引人瞩目。马上武士，头戴黑色幞头，幞头两条系带结于脑前上部正中。武士脸型圆润，双目平视，描眉画眼，口唇涂朱，内着紧身内衣；中着红色半臂，外着翻领紧袖长衫，长衫右襟挽于腰际，露出右肩中衣；下着窄腿裤，足蹬靴踩镫；右佩胡禄，左佩长剑及豹韬，双手于胸前做握缰状。胡禄，是一种长方形木制筒状的箭盒，用来装箭。豹韬，是用豹皮制成的弓袋，用来装弓。武士所乘之马，立于长方形踏板上，马头微左侧，双耳前耸，张口，鬃毛分梳于前额两侧，剪鬃，备鞍鞯。马背有一小孔。马通身施赭釉，马鞍施绿、赭双色釉。骑士面部及半臂彩绘，其余部分施绿釉。

唐代国力强盛，人民较为富有。在很长一段时间内，国内无大的军事战争，所以上至帝王，下至宗室诸王、朝廷重臣，均热衷于骑马狩猎、马球比赛、蹴鞠游园、诗词歌舞等活动。以致有些活动过于频繁，带来了不良的影响。史书中，群臣关于谏阻田猎的记载也有很多，不仅有太宗、高宗时期的，也有与吴王李恪、汉王李元昌等宗室诸王有关的。

唐人热衷这些社会活动，把它们当作是社会时尚活动，是生活品质的体现。所以，在唐人的墓室中出现与此相关的随葬品就不足为奇了。这类随葬品的出土，再现了唐代皇室贵族外出打猎时的片刻画面，是研究唐代狩猎活动不可多得的珍贵资料。

（穆兴平）

唐三彩牵马胡人俑

千里之行 始于足下

　　1971 年 7 月至 1972 年 2 月，考古工作者对陪葬乾陵的唐章怀太子墓进行了抢救性发掘，出土各类珍贵文物 600 多件，这件三彩牵马胡人俑就是其中之一。

　　俑为白色陶胎，施绿、赭、白三色釉。面部施白釉，目深，鼻高而宽，嘴微张，露齿，面颊有酒窝，黑墨点睛，朱丹涂唇。长发中分，红绳扎辫于两耳上方，辫盘于脑后。上穿绿色窄袖长袍，领口外翻，内里赭色，腰系革带，带上有带勾和带扣；下穿窄腿裤，足蹬赭色长靴。右臂弯曲半举，齐于肩，左臂弯曲，齐于腰；双手握拳，姿势呈牵缰绳状，立于方形踏板上。该俑表情生动，面带微笑，从外形看，为胡人形象。

唐三彩牵马胡人俑

唐（618—907）
高67厘米，宽23厘米，厚19厘米
1971年出土于唐章怀太子墓

胡人是特定历史时期汉人对特定人群的统称，其所指人群是随中国古代王朝的变更有些微变化的。唐朝时，胡人主要指西域昭武九姓粟特人、波斯人，或者说是以伊朗语系为核心的中亚人，他们的生活方式和身体外部特征（深目、高鼻、多须）明显有别于汉人。

　　有唐一代，经济繁荣，社会开放，唐帝国是当时世界上最强盛的国家，很多胡人不远万里来到中国学习、经商、旅游，很多人后来滞留并定居下来。当时，在长安、洛阳等大城市，胡人随处可见。这些生活在内地的胡人，有的在唐朝廷做官，有的从事商业贸易，有些擅长乐舞的胡人卖艺街头，还有许多人从事仆人、马夫等职业。他们的到来也将自己国家或地区的文化带到中国，汉文化与之碰撞交汇、融合发展，最终形成了灿烂辉煌的大唐文明。

　　生活是艺术创作的重要源泉。身边大量的胡人就成为唐代艺术家们进行艺术创作的重要素材，胡人俑就是这一社会现实的客观反映。和当时的社会现实一样，艺术家塑造出来的胡人俑也有身份等级的不同，有的胡俑为文官武将形象，他们属于特殊阶层，但大多数属于随从卫士；有的形象则为奴婢、马夫，明显属于社会下层，但他们却衣着华丽，表情温顺；还有许多为表演乐舞、杂耍的胡人形象，比较另类。那么，惟妙惟肖的胡人俑背后有着什么样的秘密，他们的内心世界又是什么样的？这些我们都无从得知。探寻这些需要用大历史视野下的中西交流史眼光，即通过两种异质文化互相接纳、通过细致繁密的考证、通过尽可能多地接触当时一些见

唐三彩牵马胡人俑（局部）

证人的记载等等。不过，这不是我们关注的重点，我们更关注的是胡人造型所赋予的社会意义。目前可见的胡人俑有些体格健壮丰盈，有些卖艺胡人表情生动活泼，有的线条浑圆饱满，有的神态昂扬自若。总之，千姿百态，栩栩如生，正是这些细部的刻画让走出地下的胡俑好像活了过来，尽情地舒展着自己的生命，从而也让历史变得有血有肉、经络俱全，让人们在记住历史遗产的同时有了追溯的价值和怀旧的共鸣。所以，今天出现在我们面前的这些胡人俑其实就是一段历久弥新的活的历史。

胡人俑是唐代雕塑艺术中一个独特的门类，它为我们提供了一个不可磨灭的历史证据，证明着盛世大唐也有万千胡人的一份贡献。

（李青峰）

唐三彩生活器皿

事死如生 家居依旧

天地乾坤，阴阳人间。唐人『事死如事生』的丧葬观念是如此的根深蒂固而又放荡不羁，梦想着生时的衣食无忧和荣华富贵依然可以在阴间继续安享。

乾陵为国家首批文物保护单位，陵园宏大，遗存丰富。在乾陵的东南方向，呈扇形分布有陪葬墓 17 座。二十世纪六七十年代，考古工作者发掘了其中的 5 座，出土了数量较多的唐三彩，其中有一部分是唐代日常生活器皿，有碗、盘、瓶、壶、杯等，釉色莹润，制作精良，弥足珍贵。

唐三彩弦纹折腹碗

这是从永泰公主墓出土的一件极为精美的器物。敞口，圆唇，深腹，圈足，挖足很浅。内外施月白色底釉，在碗内施 12 道绿色竖带状条纹，绿色竖条和空余出的月白色竖条之上又施以赭黄色竖立细条曲线。在碗外壁中间凸起一道弦纹，把碗外壁分成上下两层纹饰，上层点缀垂流的竖条

唐三彩弦纹折腹碗

唐（618—907）
高7.4厘米，碗口径17.2厘米
1960年出土于唐永泰公主墓

状绿釉，弦纹下层点缀黄褐色釉和绿色釉，整体色泽绚丽富贵。此碗不仅色彩典雅，釉色泽润，而且造型美观。

唐三彩盘

敞口，弧壁，浅腹，平底。外施绿釉，内壁及底部用点彩技法，点施赭、绿、白三色釉，让人感觉花而不乱、彩而不艳。

唐三彩盘

唐（618—907）
口径17厘米，高12.6厘米
1960年出土于唐永泰公主墓

唐三彩小酒盅

泥质红胎，轮制。侈口，弧壁，柄形足；内外皆施绿、白釉。此器制作精细，出土于有明确纪年的唐墓，比较少见。

唐三彩小酒盅

唐（618—907）
高1.8厘米，口径1.9厘米，重0.01千克
1960年出土于唐永泰公主墓

唐三彩四耳小罐

唐（618—907）
高6.8厘米，径8厘米，重0.12千克
1960年出土于唐永泰公主墓

唐三彩四耳小罐

罐，是一种常见的盛储器皿，此罐圆腹，泥质红胎，轮制。小口外撇，收颈，肩部有四个对称的罐耳，耳上饰以圆钮，用于系绳固定，提用方便。折肩，鼓腹，矮圈足。罐的内、外施满三彩釉，釉为草绿、淡黄、褐三色，呈细丝条状。该罐小巧玲珑，制作精细，是三彩器物中的精品。

唐三彩耳杯

耳杯，是古代的一种饮酒器皿，也可盛羹。椭圆形，两侧各有一弧形的耳，汉代多为木胎涂漆。这件耳杯与之前的耳杯稍有不同，附耳简化，但其他形状与原耳杯相同。泥质白胎。口腹平面皆呈椭圆形，敞口，斜弧腹，平底。内外施三彩釉，釉为草绿、淡黄、褐三色，釉极莹润透明，光亮，玻璃质感强，外平底上留存三枚呈三角形分布的条形支钉粘痕。

绿釉瓶

在古代，罐和瓶是盛放酒水的器具，它们在日常生活中充当着看似简单但不可缺少的角色。这件绿釉瓶侈口，细颈，鼓腹，平底，肩部有两道平行阴刻弦纹，外施翠绿釉，器内及器底无釉。该器形式优美，釉色莹润，色调纯正，玻璃质感强，是釉陶器物中上好的单色釉器皿。

赭釉漏勺

漏勺是厨房做饭用的厨具，形状像勺子一样，但中间留有许多小孔，用来制作面食或者粉条之类的食品。这件漏勺通体施赭色釉，造型独特，

唐三彩耳杯

唐（618—907）

口沿长12.6厘米，宽7.7厘米，底长8.2厘米，宽5.1厘米，重0.226千克

1960年出土于唐永泰公主墓

绿釉瓶

唐（618—907）
1960年出土于唐永泰公主墓

赭釉漏勺

唐（618—907）
高7.5厘米，长13.4厘米，重0.15千克
1960年出土于唐永泰公主墓

比较少见。捏塑，泥质白胎，整体呈烟斗形，弧形柄。勺头为半椭圆形，面上前半有一微起弧的顶面，后半有一近椭圆形的口。勺头前及两侧有9个突出的刺嘴，中间有孔可通入器内。

唐三彩是中国古代陶瓷烧制工艺的珍品，是盛行于唐代的一种低温釉陶器，釉彩有黄、绿、白、褐、蓝、黑等，而多以黄、绿、白三色为主，所以人们习惯称之为"唐三彩"。唐三彩的制作工艺十分复杂。首先要将开采来的矿土经过挑选、春捣、淘洗、沉淀、晾干后，用模具做成胎入窑烧制。在窑内经过1000～1100摄氏度的素烧，然后将焙烧过的素胎经过冷却，再施以配制好的各种釉料入窑釉烧，其烧成温度为850～950摄氏度。在釉色上，利用各种氧化金属为呈色剂，经煅烧后各种色彩互相浸润，呈现出各种深浅不同的黄、赭、绿、翠蓝、茄皮紫等色彩，产生了一种斑驳陆离的艺术效果。由于在制作过程中釉质的自然流淌，烧制好的唐三彩会产生许多复杂奇妙甚至令人意想不到的变化，因此可以说，没有任何两件唐三彩是完全一样的。

在唐代，皇室及百姓已普遍使用胎质坚硬、釉面匀净的瓷器，胎质粗松的三彩器皿主要作随葬明器。唐政府对丧葬使用明器的数量、体积都有明确规定，致使唐代明器数量大增，达到了历史的顶峰。古人事死如事生，放置大量生活器皿类明器于墓中，是希望墓主人像在世时一样，衣食无忧、安稳度日吧！

（李青峰）

彩绘骑马乐舞俑

大唐乐队 盛世华章

大唐歌舞，繁花似锦，特别是马上乐舞，更是壮观。悠扬婉转的器乐琴音伴着马蹄声一路走来，坊间的居民循声而至，原本熙攘的街道更加热闹非凡。

彩绘陶，是陶器制作的另外一种工艺，这种工艺早于唐三彩。在汉代多以彩绘陶作为陪葬品，汉墓中出土了大量的彩绘人物和动物俑，它们是陪葬品的重要组成部分。

彩绘陶的制作步骤较复杂，一般先将陶胎烧制成型之后，再在其表面进行彩绘工艺，又称烧后彩绘陶。其工艺分为八个步骤，为选料、配泥、揉泥、拉坯、整形、晾干、烧制、绘彩，其中在绘彩时要经过多道工序打磨、敷底、上彩，特殊的还要进行贴金镶玉的工艺。

彩绘骑马乐舞俑主要出土于唐懿德太子墓和永泰公主墓中，色彩艳丽，数量较多，形态各异，做工精细。乐舞俑泥质灰胎，模制。马上乐舞者，或执长笛、短笛、埙、排箫等乐器奏乐，或骑马击鼓打节，或在马上扬袖歌唱、翩翩起舞。乐舞者有的头戴笼冠，形态各异；有的头戴帷帽，衣着华美。人物大多眉清目秀，口唇涂朱，八字胡上翘，头戴红色花帷帽，身着红色交领广袖花长衫，下着白色宽腿带花裤，红鞋踩镫；所乘之马，双耳前竖，鬃毛分梳于前额两侧，细尾扎结，黑色鞍鞯，精神饱满。唐代大型音乐表演都是集器乐、歌、舞于一体，现在我们面前展出的就是唐代非常特殊的一种骑马演奏的表演形式。乐器中有长笛、短笛、排箫等，大家若在观看音乐会时留意一下，可以发现一千多年前的这些乐器，至今还在使用。

唐代的乐器，据唐段安节的《乐府杂录》说，有300种左右。其中琵琶、筚篥、箜篌、羯鼓、笛等乐器因节奏鲜明、表现力强，在燕乐中占有极其重要的地位。这时期出现的新乐器很多，如轧筝和奚琴。陈旸的《乐书》里说："唐有轧筝，以竹片润其端而轧之，因取名焉……奚琴本胡乐也，出于弦鼗（táo）而形亦类焉。奚部所好之乐也。盖其制，两弦间以竹片轧之，至今民间用焉。"这两件乐器在我国发展史上具有十分重要的意义。它们的出现不仅为器乐演奏开拓了新的领域，同时使我国民族乐器的分类逐渐形成了"吹、拉、弹、打"四大类。

唐代的乐器制造在工艺技术和音响设计方面均达到了相当高的水平。蜀人雷士所造的古琴直到现在，仍被演奏家们视为最精良的乐器之一。现保存在故宫博物院的唐琴"九霄环佩""大圣遗音"和日本正仓院的螺钿

彩绘骑马乐舞俑（一）

唐（618—907）

马长30.5厘米，胸宽10厘米，通高34.5厘米

1971年出土于唐懿德太子墓

彩绘骑马乐舞俑（二）

唐（618—907）
马长30.5厘米、胸宽11厘米、通高33.5厘米
1971年出土于唐懿德太子墓

紫檀五弦琵琶等乐器，充分表现了唐代乐器制作所达到的水平。

唐朝统治者在文化艺术方面采取了兼容并蓄的政策，对少数民族和外国音乐，进行了大量的吸收和融合。唐初延隋旧制，贞观十六年（642），乐部自七部增加到十部。唐时，宫廷歌舞、民间曲子及文人诗歌均得到了高速发展，社会音乐活动频繁，举国上下崇尚音乐蔚然成风。

据文献记载，长寿二年（693）正月，女皇武则天就亲自导演了一出《神宫大乐》，参与演出的演员都是由她精心挑选出来的，多达900余人，堪比今天一场大型的音乐剧。唐玄宗李隆基也是一位曲艺大家，被尊称为"梨园鼻祖"。上行下效，唐代达官贵人大多养乐工、办乐班、招才子……蓬勃发展的音乐文化，无论从内容还是形式都是多种多样的，这也从侧面反映出了唐朝民族间的大融合以及文化的繁荣发展。

彩绘骑马乐舞俑（三）

唐（618—907）

长29厘米，宽11.5厘米，高34厘米

1971年出土于唐懿德太子墓

总之，唐朝是中国古代最强盛的时期，国家富强统一，统治者的政策比较开明，人民在统一和平的环境中生活，并持续了较长的时间，这就是唐代音乐文化辉煌发展的基础。唐朝音乐除了表演形式多样以外，还吸收了西域各国的音乐文化和其他民族的民间音乐。随着音乐文化的发展，唐朝的音乐机构也逐渐完善，教坊、梨园（宫廷中培养歌、舞人才和器乐表演人才的地方，由皇帝亲自组建并经常由皇帝亲自组织排练）、礼乐署和鼓吹署等专门的乐舞机构应运而生。这些音乐机构的建立和音乐教育对现在的影响也非常大。这种专业、体系化的音乐教育机构可以与当今的音乐学院相媲美。

（张鑫）

彩绘贴金铠甲骑马武士俑

甲骑具装 威武仪卫

鞍鞯俱全，一身戎装，列队整齐，英姿飒爽的皇家仪仗队威武不可挡，大唐的军队战无不胜，所向披靡，铠甲骑马武士仪仗尽显大唐帝国的军事雄风。

我国商周时期，作战部队以车战为主，以步兵辅助。战国时期赵武灵王为了和匈奴作战，大力提倡"胡服骑射"，发展骑兵作战，骑兵部队因其机动灵活受到了重视。骑兵是车战的补充，往往和步兵一起配合战车作战。

身披甲具的重骑兵起源于西汉中期，流行于魏晋南北朝，隋代最为辉煌，幽州总管罗艺五千具装甲骑，人马皆披重甲，辅以轻骑兵，锐不可当。东汉至魏晋时期，马鞍和马镫的使用，使骑兵的双手解放了出来，马上兵器也由戟变成了马槊，弓弩也可以在马上使用，这使骑兵成了一个独立兵种。一个具装甲骑往往配有一至两名随从步兵和弩马，负责运送装甲兵器，

彩绘贴金铠甲骑马武士俑

唐（618—907）
1972年出土于唐懿德太子墓

如明光铠、马槊、重甲等。唐以后因其机动灵活性差、装备困难、花费巨大等原因，逐渐退出来一线作战部队行列，而代之以骑射为主的轻骑兵。

唐懿德太子墓出土的这批彩绘贴金铠甲骑马武士俑，来源于汉魏时期的甲骑具装俑，但做了一定变通，舍弃了实际作用不大的寄生，马颈上部护甲改变了原来用甲片连缀而成的"鸡颈"，而变成了一块。马面贴金代替"面帘"。武士圆脸，细眼，小口，朱唇，八字胡，眉目清秀，头戴兜鍪，身穿甲衣，足穿黑色软布鞋，跨骑马上，右手握拳抬举略高，左手提至腰际，双拳中空，做牵马缰绳状。

俑身所着之护甲也非明光铠，而做了简化处理。可能是因为这些骑马俑并非实际作战部队，而是具有礼仪性质的仪仗类骑兵。其中一件，兜鍪和顿项浑然一体，裹头，盖耳，围颈，兜鍪顶部立绿色缨饰，缨饰模制桃形，阴刻放射状纹。兜鍪深灰底色，表面以黑色细线描绘出长条形甲片，以较粗绿色纬线表现甲片的层叠连接。围脸部分描绘红色或他色宽边，是为兜鍪内之软帽衬。兜鍪下连圆形宽边软帘，覆盖前胸、肩部及后颈。软帘紫红色底，饰深蓝色连珠纹一圈。武士身着甲衣，甲衣分披膊、身甲和膝裙，披膊下着绿、黄等色紧袖衣。披膊和身甲衬边紫红色底，上饰蓝色圆圈和白色连珠纹。甲衣内着软衬袍，膝裙下可见衬袍之蓝色褶边。双腿前部裹胫甲，下及脚腕。甲衣的甲片细条形，与兜鍪相似，成层层的条格状，连接甲片的纬线较粗，绿色线条加描。

所乘之马，四肢直立于长方形台座之上，双耳上耸，双目前视。马前额正中贴一红色或橘黄色璎珞状物。马面贴金，露出双目，代表甲骑具装俑的面帘，保护马面部；马颈披"鸡颈"，颈上部为一整块的软帘，软帘红底，绘蓝色圆圈纹，计三排六个，圈上点缀白色连珠纹，圈内及圆圈之间绘绿色四叶花。马颈下部和前胸披"当胸"，由甲片连缀而成，保护马胸部；马身披马身甲，臀部为搭后，保护马身及臀部。和标准的甲骑具装俑相比，未装饰马尾部的寄生，有的仅留有一个小孔。马背备花鞍黑鞯，鞍上饰豹纹。鞍上骑士双目前视，端坐马上，双手前伸，做牵缰状。

纵观这批贴金铠甲骑马武士俑，追求在统一中求变化，在变化中求协调。造型精美，做工精良，彩绘精微，展现了我国古代穿戴防护装具重装骑兵的完美形象。

（穆兴平）

彩绘胡人骑马携豹狩猎俑

唐韵胡风 狩猎骑士

皇家狩猎，蔚然成风，奢侈豪华，霸气横生。唐代的富庶与安逸，让人儿胖，马儿肥；唐代的国力与文化，让都城长安成为当时的国际大都市。

彩绘胡人骑马携豹狩猎俑

唐（618—907）
高30.5厘米，马长22厘米
1962年出土于唐永泰公主墓

　　唐代狩猎之风盛行，帝王贵族秋狝冬狩等"驰骋之乐"，既继承了中国传统的畋猎练兵方式，又吸纳了外来文化狩猎刺激性的一面，是当时追求豪华生活的一种休闲娱乐方式。此时，擅长助猎的胡人频频出现，他们作为扈从跟随着主人，携带着猎豹、猞猁、鹰鹘等活跃于狩猎场上。唐太宗李世民"少好弓矢"，擅长骑射，他于贞观五年（631）在长安西南郊昆明池举行规模盛大的狩猎活动，"蕃夷君长咸从"。

唐代帝王贵族的狩猎，既有规模庞大的正规"畋猎"，又有小股机动灵活的出猎。龙朔元年（661）秋，唐高宗于陆浑县亲自射矢，布围、促围、合围后猎获四鹿及雉兔数十只。皇家狩猎，为了获得好的效果，常常携带专门驯养的猛兽用来围猎和捕捉猎物。如猎犬、猞猁和猎豹等这些善于奔跑追逐的动物，它们主要用来猎取麂、鹿、羚羊、野猪等之类。猎豹、猞猁、猎鹰等需要花费很长时间来驯化和训练，这是西亚人的专长，他们常常被唐王朝用来驯化和训练助猎动物，也在狩猎活动中充当助猎的猎师。

唐永泰公主墓出土的这件彩绘胡人骑马携豹狩猎俑，马四肢直立于台座之上，马头双耳上耸，头左侧、前额结缨饰，剪鬃，披鞍鞯，马臀后趴伏一猎豹。鞍上骑士为胡人形象，粗眉虬髯胡，头戴幞头，身着左衽翻领窄袖长袍，胡人左臂前伸，右臂上举，手握拳，侧身回头张口断喝。猎豹抬头张口，双目圆睁，右前肢伸至骑士腰部。此俑造型复杂，很好地表现了人、马、豹三者的协调关系，是唐狩猎类形象最为典型的代表作品之一。

唐代社会空前繁荣，客居长安的胡人也很多，有做官的、做翻译的、从军的、从事乐舞活动的、从事幻术表演的、从事商贸交易的，还有专门从事驯兽师和助猎师的等等，五花八门，数不胜数。他们的参与和介入，极大丰富了唐代的社会生活，促进了唐文化的繁荣，成为唐代历史上浓墨重彩的一笔。

（穆兴平）

彩绘裸身胡人骑马俑

赤身上阵 健美运动

霸气的面孔、强健的肌肉、威武的身躯，这位造型和风格独特的胡人骑马俑是从事杂耍的外来艺人，还是投身军营的胡人武士？不管其身份是什么，其裸身、袒腹的另类形象，从侧面反映了唐代社会的开放与包容。

永泰公主李仙蕙是女皇武则天和高宗李治的嫡孙女，中宗李显的第七个女儿，死时还不到 20 岁，当时葬于洛阳。其父中宗李显复位后，追封为公主，并将其与丈夫的灵柩从洛阳迁来陪葬乾陵，且承恩特葬，"号墓为陵"，是乾陵 17 座陪葬墓之一。1960 年 8 月至 1962 年 4 月，考古工作者对该墓进行了抢救性发掘，虽早年被盗，仍出土各种珍贵文物 1200 余件，成为中华人民共和国成立以来陕西省发掘的最大一座唐代女性墓葬。该墓出土的文物以陶俑为主，其中一件彩绘裸身胡人骑马俑由于造型和风格比较独特而引人关注。

该俑头戴黑色幞头，高鼻，深目，双眼圆睁，嘴微张，络腮胡，表情

彩绘裸身胡人骑马俑

唐（618—907）
高30厘米，长32厘米，宽11厘米
1960年出土于唐永泰公主墓

丰富。该俑与其他俑不同的是其上身赤裸，胸及两臂肌肉发达，呈块状鼓起；双手攥拳，双臂弯曲做展示肌肉状。下穿窄腿裤，脚穿软皮靴；腰缠包裹，骑坐于马鞍上，包裹打结于腹前。马低眉垂首，嘴及鼻孔大张；鬃毛绵密细长，成绺披于脖颈右侧；尾扎结；立于长方形踏板上。从外形看，马筋骨结实，品种优良。该骑马俑通体施红色彩绘，惜彩绘脱落严重，深灰色胎体外露。彩绘骑马俑是永泰公主墓出土的主要文物种类之一，胎质坚硬，做工精细，分量感十足。

从外貌特征看，该俑为典型的西域胡人形象。至于其身份或者说其所从事的职业，目前还难以准确判定。有专家研究说这是从事杂耍的外来艺人。他们常常以袒腹、露胸的形象出现，不受场地限制，即席献艺，从事各种幻术表演。在表演的过程中，眼神灵动，表情丰富，配合着千奇百怪的魔术。他们既入奉宫廷，又献艺街头，表演富有异域色彩，且多惊险刺激，从而受到了长安仕民的热烈欢迎。当时，域外艺人演出影响之大甚至引起了统治者的焦虑，高宗就曾下诏予以禁断。据《册府元龟》卷一五九《帝王部·革弊》载："如闻在外有婆罗门胡等，每于戏处，乃将剑刺肚，以刀割舌，幻惑百姓，极非道理。宜并发遣还蕃，勿令久住。"也有人说该俑肌肉发达，身体健壮，可能是加入了唐朝军队的胡人武士。唐代对外交流频繁，长安常有大量的胡人以各种原因滞留于此。一些生活无着落的胡人也常常将投身行伍作为出路。而且，胡人善骑射又勇于攻战，自魏晋以来就常有以军功入仕的，有的还进而衍生为军人世家。唐代时，此类胡人及后裔在长安充任武职者甚众，他们出入朝堂宫廷，形成了长安胡人中极为显赫的群体，这在文献和出土墓志中都有记载。

与穿戴齐备的胡人俑乃至汉人俑相比，裸身、袒腹胡人俑显得有点另类，但这也许是制作者对当时社会现实存在的这类胡人的一种直白描摹。这一方面说明这种不见于一般汉人的"胡性"是被默许的，一方面也说明唐人的开放与包容。胡人作为唐代社会一个重要群体，为长安的政治、经济、文化等方方面面都注入许多极具活力的新鲜因子，而这正是唐帝国取得前所未有繁荣的重要保证之一。

艺术源于生活又高于生活，唐代工匠在制作各种人物俑时，专业精心，同时又匠心独运，作品形象逼真地再现了当时的俗世生活。这一方面说明他们有很深厚的人生阅历，对事物的观察细致入微；一方面也说明他们具有高超的雕塑手法和艺术造诣。比如那恭谨媚笑的卑微小人物、那丰满肥硕而又自信满满的贵族女子、那庸俗傲慢的猾吏、那叉腰瞪眼仗势欺人的恶奴、那老实憨厚的牵马人、那面目狰狞凶神恶煞的天王俑等。这些俑不仅刻画出了人物的性格，而且还富有倾向性地发掘了人物的社会本质，这些都是古代泥塑艺术可贵的收获。

我们看到的这件裸身胡人骑马俑，刻画精细，面部表情生动，肢体动作独特，人物性格鲜明，整个形象活灵活现、惟妙惟肖，实为一件不可多得的艺术珍品。

（李青峰）

贴金彩绘塔式罐

希望之塔 寄生之罐

带有浓郁宗教色彩的塔式罐，造型古朴、装饰华美、寓意深刻，它集雕塑和绘画艺术于一身，在天堂、人间、地府中升华，这是人的意愿，还是神的召唤？

　　塔式罐又称塔形罐，是唐代新出现的一种明器。由于文献上没有记载且用途不明，今人根据其外形命其为塔式罐。塔式罐在唐代墓葬中并不鲜见，但各墓出土的塔式罐由于制作年份的不同而在形制、烧造工艺、器表装饰等方面也不尽相同。唐章怀太子墓出土的一件塔式罐，形体高大别致、装饰繁复华美，可以说是唐代塔式罐中的一件珍品。

　　该罐由座、罐、盖三部分组成。座又由上下两部分叠摞而成。下底座呈覆盆状，内空，底边沿略外卷，表面一周用兽足等分成八格，格内贴有模制的浮雕象头或力士。象头和力士相间排列，各有四个。上底座呈束腰喇叭状，上小下大，腰中部贴饰一圈八瓣覆莲，上沿贴饰一圈十四瓣仰莲，

贴金彩绘塔式罐

唐（618—907）

通高96厘米，罐径31厘米，底座口径60厘米

1971年出土于唐章怀太子墓

座上置罐。罐口微侈，束颈，鼓腹，平底，肩部塑有一圈楞纹。罐身四等分，贴饰浮雕的狮头、象头，间隔排列，各有两个。罐口置塔式盖，盖顶中部竖七层直塔形纽。盖下有子口，盖于罐上。该塔式罐通身彩绘，有的地方还有贴金，惜剥落严重，仅在喇叭形上座及罐身部保留较好。从残存情况看，纹饰多为精美的动物及缠枝卷草纹。

通常认为，塔式罐的出现与佛教密切相关，因为不仅其外形极像佛教的佛塔，而且其装饰内容和风格也与佛教文化有着千丝万缕的关系。

先看外形，该塔式罐基本就是一个佛塔的形象，不仅整体外形像佛塔，而且其罐盖也像极一个七级浮屠。

再看器表装饰，该塔式罐上通身彩绘的缠枝卷草纹以及贴塑的莲瓣、狮象头、力士像等也都与佛教文化有着密切的关系。莲花是佛教的圣物，佛教认为它有香、净、柔软、可爱四种品性，可对应法界真如之常（佛性常住）、乐（乐于寂灭）、我（无私忘我）、净（出污不染）四德。此外，佛教中以莲为喻的事、物、人也比比皆是，如佛座又称莲座，佛教寺庙又称莲刹，佛眼又称莲眼，佛祖的手又称莲花手，佛教僧尼的袈裟又称莲衣，僧尼受戒又称莲花戒，念佛之人又称莲胎，善于说法的人被称为"舌上生莲"，东晋东林寺慧远大师创立的佛教结社称为"莲社"，佛法净土宗又称莲宗等。缠枝卷草纹与佛教也有着很深的渊源。卷草纹是印度佛教植物装饰纹样的重要主题。汉代时佛教自印度传入中国，佛教的这些传统植物装饰纹样也跟着传入。在其影响下，从魏晋南北朝开始，中国传统装饰纹样就开始由原来的神仙、灵兽和云气纹等逐渐转化为以植物为主的装饰纹样。这时期的基本纹样是佛教的飞天、缠枝花、莲花、忍冬等。而到了唐代，之前的忍冬、缠枝等纹样逐渐发展成比较成熟的卷草纹。从残存彩绘情况看，该塔式罐上的缠枝卷草纹繁复华丽，层次丰富。其叶片曲卷灵动，富有弹性，其叶脉旋转翻滚，饱含动感，充分体现了唐代工艺美术富丽华美的风格。

塔式罐底座上贴塑的力士像虽有缺损，但仍能看出其大概。肥头大耳，袒胸露腹，与佛教造像中的弥勒造型极为相似，所以这当是佛教人物无疑。

狮子、大象与佛教的关系也很密切。在古印度的佛教经典中，很早就有佛陀与狮子的传说。佛教故事记载，释迦牟尼降生时，一手指天，一手指地，作狮子之吼。又认为佛为人中狮子，因而在佛教艺术中，狮子为万兽之王，具有辟邪护法的作用。狮子被神格化后，就经常以神兽、灵兽、仁兽的色彩出现在佛教造像中，同时又经常作为佛的化身被崇拜和敬奉。

大象和狮子一样，也是佛教的吉祥物。在佛经中，佛祖释迦牟尼就被描绘成白象转世。据佛经故事讲，2500多年前，在古印度北部有个迦毗罗卫国，国王叫净饭，王后叫摩耶，二人的感情很好，但却一直无子。在摩耶45岁时，一次睡梦中，梦见一头白象腾空而来，从右肋进入自己身体。净饭王召集群臣问兆，有婆罗门卜者说，此梦甚佳，王后已怀有身孕，必生王子，王子是千古圣人，一定能兴显释迦族。后来，摩耶果然生下了佛祖释迦牟尼。除此之外，在佛教经典中，还有很多佛陀与大象的故事，这些都说明大象和佛教有着深厚的渊源。

塔式罐是唐代新出现的一种随葬品，是唐墓中的流行器物。目前，学术界对其分期和演变等的研究颇多，结论也趋于统一，但论及其功用，虽然绝大多数人认为与佛教有关，但具体是什么却仍无定论。有人认为它是装骨灰的，也有人认为它就是文献中记载的五谷罐，还有人认为它是墓葬中天王手中所托之塔的某种变形，等等，众说纷纭，莫衷一是。所以，章怀太子墓出土的这件贴金彩绘塔式罐的具体功用是什么目前还无从知晓。

塔式罐是具有佛教文化明显特征的明器，其产生之初就极力模仿佛塔之形，造型庄重古朴，装饰有繁有简。早期的塔式罐短矮粗壮，逐步演变为器身修长，装饰也由简单向华丽、繁复发展。塔式罐是中国传统丧葬习俗与外来佛教文明碰撞的产物，它在一定程度上反映了唐代社会的风土人情和丧葬观念，因此，塔式罐是研究唐代社会文明的极重要的实物资料。

（李青峰）

永泰公主墓汉代玉器

晶莹剔透 传世汉玉

　　玉，石之美，有五德，晶莹而剔透，温润而光泽。我国先民对玉非常崇拜，不仅最早制造并使用玉器，而且形成了独特的玉文化。原始社会，玉（琮）在祭祀活动中被赋予了沟通天地神灵的功能，在古代的神权思想中是神权的象征。后来，玉（钺）往往被部落首领所拥有，成了王权和军权的象征。之后，玉因象征美好、神圣、贵重和瑞祥而受到人们的喜爱。这种对玉的崇拜观念深深地植根于中国人的心灵深处，历数千年而不衰，甚至影响到了中国人的行为和道德规范。玉温润，但是质地却十分坚硬，中国古代人常常用玉的品性来比喻君子的品性。

　　乾陵陪葬墓之一永泰公主墓中出土的 3 件玉器格外引人关注，经过专家检测，无论材质还是工艺都是汉代上乘玉器。

　　永泰公主李仙蕙，字秾辉，是唐中宗李显的第七女，高宗李治和武则天的孙女，卒于武周大足元年（701）。唐中宗复位后与驸马都尉武延基合葬，"号墓为陵"，陪葬乾陵。1960年永泰公主墓被发掘，尽管这座墓葬在历史上曾被盗掘，但墓葬中出土文物依旧非常丰富，在千余件的文物中，竟然有3件是汉代玉器，传世至唐代，当为公主生前使用之器，相当珍贵少见。这3件汉代玉器分别是镂雕螭纹出廓璧、走兽游鱼玉珩和谷纹玉璜。

镂雕螭纹出廓璧

　　青白玉，该器出土时已经残缺。佩中为一圆环，环外饰镂空蟠螭，外为一较大圆环，玉璧的外缘及出廓部分损毁，璧内孔缘完整无损，孔缘中心下凹，两面均饰以双阴线。璧面上镂雕两条螭龙，螭龙头部呈梯形，阴线雕刻双眼、双眉及长鼻，双耳及鬈毛高耸，螭颈方向阴刻独角。螭龙肩生翅羽，臀部和翅膀上均有阴刻的圆圈纹，长尾后曲回卷。双后肢一弓一蹬，造型动感十足。另一条螭龙头颈部缺失，仅存臀部、双后肢及尾部。玉璧两面纹样一致。玉璧是较早出现的玉器种类，《周礼》中"六器"之一。战国时期为了增强装饰效果，开始在玉璧表面上施以镂空技法，乃至在其外缘增加附属纹饰。这一时期较为突出的代表有民国时期出土于洛阳金村大墓，现藏于美国纳尔逊·阿特金斯艺术博物馆的一件镂雕龙纹出廓玉璧。进入汉代尤其是到东汉时期，玉器装饰艺术中图案性大为突出，东

镂雕螭纹出廓璧

汉（25—220）
残存部分外径7.5厘米，内径2.2厘米，厚0.3厘米
1962年出土于唐永泰公主墓

汉玉器多见镂雕工艺。此时玉器装饰图案的审美视角发生了变化，佩玉表
面的装饰龙纹，由侧视角度转变为俯视角度。永泰公主墓出土的这件镂雕
螭纹出廓璧上的螭龙造型及整体镂雕风格与东汉时期同类型玉璧相似，并
且从其残缺的出廓位置推断，很有可能是一件东汉玉璧。

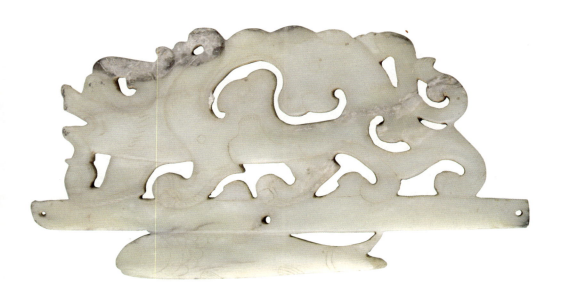

走兽游鱼玉珩

汉（25—220）

通长11厘米，宽5.8厘米，厚0.5厘米

1962年出土于唐永泰公主墓

走兽游鱼玉珩

　　青白玉珩分为三部分，中部为一长条形横梁，横梁两边及中间均匀分布有三孔，穿系其他玉器之用。梁上部为一镂空瑞兽，瑞兽张口翘鼻，三角形突目，头上生角，颔下有髯，短颈，背部有三个橄榄形凸起，身体镂

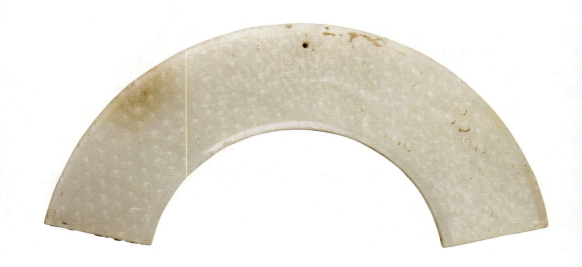

谷纹玉璜

汉（25—220）

通长14厘米，宽13厘米，高5.5厘米，厚0.3厘米

1962年出土于唐永泰公主墓

雕云气纹，尾部下垂并回卷，四足作行走状，踏于横梁之上。横梁下部雕
一条游鱼，鱼短尾分叉，一面有阴刻鱼鳞和背鳍，另一面刻阴线。此玉为
传世汉玉，玉质晶莹剔透，雕琢精细。从这件玉器上所钻的三个孔来看，
应为组佩之一，位于组佩上端，起平衡、提挈组佩的功能。1991年，湖

南安乡黄山头发现西晋镇南将军、荆州刺史刘弘墓，在刘弘墓中出土了一件东汉时期的神兽纹玉樽，其走兽形象与玉珩上部的走兽相似。刘弘墓中所出土的这件东汉神兽纹玉樽为永泰公主墓中的这件汉代玉珩的断代提供了参考依据。动物形象的玉珩在汉代佩玉中并不鲜见，如 1981 年西安三桥镇大白杨汉墓出土组佩中有 1 件鹰形玉珩，以阴刻镂空透雕一飞鹰形象，在其中部及两翼各有穿孔用以佩系。永泰公主墓中出土的这种动物组合造型的玉珩，在汉代佩玉中是很罕见的，而上兽下鱼的图案在山东滕州出土的汉代画像石中也有案例。其青白色玉质，是汉代和田玉所独有。可见，其为东汉时期以和田玉为原料生产的玉器。

谷纹玉璜

青白玉，板雕，璜为三联璜之一，形状为三分之一圆环。璜体内外圈雕琢凸起边轮，中部区域饰凸起带芽谷纹，谷纹颗粒饱满，距离两端的中间部位钻有一小孔，小孔偏向外侧，用于系挂。此玉为传世汉玉，为唐人所用，玉质晶莹剔透，雕琢精细，被认为是由西汉时期的谷纹玉环改制而成。

永泰公主墓这 3 件玉器，均为传世汉玉，和出土的其他 7 件玉器（现藏陕西历史博物馆）一起，可以组成一个组佩，应为永泰公主生前佩戴之物。

（丁伟）

『鉴若止水』铜镜

仙客来磨 光如电耀

鉴若止水，意境幽远，三十二字铭文，七八个珍禽瑞兽，偌大的镜子，做工如此的精美，实属少有。透过镜子我们可以看到，镜前必有美人容颜，镜后方显文化深邃。

"以铜为镜，可以正衣冠。"铜镜是古人照面饰容的日常用具，在我国流行了数千年。至清代以后，玻璃镜开始普及，铜镜才逐渐退出了历史舞台。铜镜既是实用器，又是工艺品，其刻画精巧、铭文瑰丽、辞旨文雅，堪称古代文化遗产中的珍品。

1971年7月，在陪葬乾陵的唐章怀太子李贤墓，出土了一面精美的铜镜，该镜体量大、铭文多、纹饰美，非常引人注目。因其铭文中有"鉴若止水"字样，所以通常称这面铜镜为"鉴若止水"铜镜。该镜为圆形，厚胎平缘。镜背面纹饰分为内外两区。内区，中心为半球形纽，纽上穿绶用的孔直径1.1厘米。纽座周围，饰有一圈宝相莲珠乳丁，外有双线方格。

"鉴若止水" 铜镜

唐（618—907）
径24.5厘米，厚1.7厘米，重4.26千克
1971年出土于唐章怀太子墓

格内，四角饰蔓草；格外，青龙、鸾鸟、麒麟、凤凰分踞四方，呈奔跃翱翔状。四瑞禽兽间以花卉、祥云。外区，饰两圈锯齿纹，间以弦纹。内外两区间为一条1.5厘米宽的铭文圈带，其上环周楷书铭文32字："鉴若止水，光如电耀；仙客来磨，灵妃往照；鸾翔凤舞，龙腾麟跳；写态征神，凝兹巧笑。"铭文圈外侧稍凹下，刻饰麒麟、鸳鸯、云雀、石榴等，有祥云瑞草点缀其间。镜边缘处凸起，饰有一圈缠枝蔓草纹。

通观章怀太子墓出土的这面"鉴若止水"铜镜，其背面纹饰构图华丽、典雅，做工精致、逼真，给人一种强烈的艺术感和摄人心魄的美感。该镜虽埋藏地下已有1300百多年，但镜面光滑平整，依然明亮如新。特别值得一提的是，其背面铭文字数之多，在唐代铜镜中实属罕见。

根据铭文，释解其意。鉴若止水，光如电耀：鉴，古代青铜器名，形似大盆，用以盛水或冰，巨大者或用作浴器，盛行于东周。古时无镜，人们常盛水于鉴，用来照面，故铜镜也称为鉴。止水，指静止不流动的水。光，明亮之意。电耀，闪电时刺眼的光亮。这句是说，铜镜面平如静止不流动的水，明亮似闪电时耀眼的光芒。仙客来磨，灵妃往照：仙客，本指超出凡庸的人，这里比喻才华出众，技术独特的工匠。灵妃，泛指仙女。此句是说，才华非凡、技术奇特的工匠亲自磨制，就连天上仙女也曾经用它照看过自己的身影。鸾翔凤舞，龙腾麟跳：鸾，传说中凤凰一类的神鸟。凤凰，古代传说中的百鸟之王。雄者曰"凤"，雌者曰"凰"。龙和麟，都是中国古代传说中的祥瑞之兽。镜铭中言及的鸾、凤、龙、麟皆为人们意识中神化了的祥鸟瑞兽，多作为吉祥的象征。写态征神，凝兹巧笑：写，当描摹、摹写讲。态，指姿容体态。征，本意为应验，这里引申为迹象。神，指宗教及神话传说中所幻想的主宰物质世界的超自然的具有人格和意识的存在。凝，指凝聚，引申为形成。兹，通"滋"，为益，更加之意。巧笑，指美好的笑貌。全句意为，影照描摹出的每一个神态，都会形成一个美好的容貌。

隋唐时期是中国古代政治、经济、文化高度发展和繁荣的时期，尤其是唐朝前期出现的 100 多年相对安定的局面，将古代中国推向鼎盛时期，使中国成为当时世界上最强盛、最发达的国家之一。唐代社会经济全面发展，手工业兴旺发达，青铜铸造业中的铜镜铸造尤为突出，无论造型、题材、纹饰、铸造工艺都别具一格，达到我国古代铜镜艺术的一个巅峰。

章怀太子墓出土的这面"鉴若止水"铜镜，可能是合葬太子妃时专门放入的，为太子妃房氏生前专用。若真如此，它应是大唐官方作坊铸造的一件皇室用品，铭文内容深邃，外观雍容华贵，体现了不同凡响的皇家气派，是研究唐代冶金铸造技术不可多得的实物资料。

（丁伟）

彩绘帷帽木俑

以木彩绘 始作俑者

　　时间犹如手捧的细沙，从指缝中悄悄流逝。有这样一群人，头戴帷帽，衣着华丽，色彩鲜艳，双手持长棍，并立而站，不知岁月几何。他们是在陪伴永泰公主吗？他们有在聊天吗？聊千年前的街坊趣闻，又或是奇人异事？他们又为何手中持长棍，是为了驱赶什么吗？

　　在唐永泰公主墓内，出土了这样的彩绘木俑33件，呈站立之姿。他们头戴帷帽，身穿圆领长袍，腰束黑带，完整的双手合拢，握一长木棍，双腿并立，足部严重残缺。因为是木质雕刻，出土前就已有残缺，出土之后更是难于保存。据专家研究检测，它们以柏木刻成，制作流程是在选好的木质材料上，先雕出俑的形状，然后涂粉，最后以朱、墨等色绘出人物

彩绘帷帽木俑（正面）

唐（618—907）
高约10厘米，宽约2厘米
1960年出土于唐永泰公主墓

彩绘帷帽木俑（侧面）　　　　　　　　　彩绘帷帽木俑（背面）

的五官、衣饰，用笔简练、生动。

木俑随葬，由来已久，大约始于东周，主要流行于战国时期的楚国境内，西汉时木桶仍是我国南方地区墓葬中的主要明器。在湖北云梦睡虎地秦墓、长沙马王堆汉墓里都发现了大量的木俑。

木俑的形制有机关木人俑与实体木人俑之分。战国时期的木俑制作比较简单拙稚，俑体扁平，只雕刻出粗略轮廓，画出口鼻眼，服饰用彩绘，体态表情已出现了模拟侍仆和武士等不同身份的服侍俑的形象。由于木俑不好保存，所以出土物并不多。

唐代墓葬中出土的主要为陶俑，彩绘的木俑极为少见。永泰公主墓出土的这些木俑造型优美、面目清晰、服饰华丽，弥足珍贵，是研究唐文化的重要实物资料。

（张鑫）

鎏金衔环兽面铜铺首

镇凶驱邪 守护门厅

大门之上，以兽面作铺首，用来驱魔辟邪，看守门户。当门环敲打大门发出声响时，似神兽在呼唤和预警，开门迎客，闭门谢绝，是敌是友，是喜是忧，一问便知。

　　"铺首"一词在汉代已经出现。铺首，也叫门钹。《汉书·哀帝纪》："孝元庙殿门铜龟蛇铺首鸣。"唐代颜师古注："门之铺首，所以衔环者也。""兽面衔环辟不详"，铺首因其承载的丰富精神意义而被形象地誉为门的图腾，数千年来一直是社会地位、财富等级、权威与荣耀的象征，成为灿烂的中华文化的重要组成部分之一。

　　铺首分别安装在两扇门扉口沿上下中心部位，是我国古代深宅大院建筑门饰上不可或缺的物件，其造型多用形象凶悍的兽面，有驱魔辟邪、守闭门户之意。门扉上的环形饰物，大多冶兽首衔环之状。以金为之，称金铺；以银为之，称银铺；以铜为之，称铜铺。其形制，有冶蠡状者，

鎏金衔环兽面铜铺首

唐（618—907）

铺首直径16厘米

1960年出土于唐永泰公主墓

有冶兽吻者，有冶蟾状者，盖取其善守济。又有冶龟蛇状及虎形者，以用其镇凶辟邪。铺首除过以上作用外，也有装饰大门的效果。

中国古代，铺首和宅院大门一样，在材料、规格、使用上有着严格的等级规定。帝王将相、达官显贵之居，用料大都是铜制鎏金，色彩光耀夺目，规格开阔大气，工艺独具匠心，制作精美绝伦，达到了登峰造极的地步。

唐永泰公主墓出土的这副鎏金兽面衔环铜铺首，四周饰一圈乳钉纹，兽面口中下坠一圆环。范铸，采用青铜材料模压成型，表面鎏金。浮雕的兽，双目圆睁，眉毛翻卷，牙齿外露，表情凶猛，口衔门环，周以浮雕加线刻的方法刻出卷叶纹形成门钹的外轮廓，更增加了兽面的生动效果。

鎏金，也称为火法镀金，据考古发现，应起源于中国战国时期，在汉代以后颇为流行，是当时最值得称道的铜器表面装饰工艺之一。其工艺是将黄金锻成金箔，剪成碎片，放入坩埚内加热至400度左右，然后倒入汞，搅动使金完全溶解于汞中，然后倒入冷水中冷却，逐成为银白色泥膏状的金汞合剂，用毛刷沾酸梅水刷洗，再以适当的温度经炭火温烤，使水银蒸发，黄金则固着于铜器上，其色亦由白色转为金黄色。

看着这副锈迹斑斑的鎏金铜铺首，回想大唐的深宫大院、贵族宅邸，岁月流转威严依旧不减，它审视着每一个前来拜访的人，每一个敲响大门的人。它与大门默默守护宅院，历经时间的冲刷，历经岁月的洗礼，只为了完成自身的使命，守闭门户，泯灭方止。

（张鑫）

鎏金铜马饰

纹饰精美 仗马礼装

宝马配金鞍，英雄佩宝剑。精致齐备的鞍鞯彰显着仗马的神圣、威仪和尊严。透过小小的金花马饰，让我们看到了古代金属制造工艺的考究。

在古时，朝廷饲养的马不仅用于骑乘、行军、作战、运输等，同时还用于仪仗大典。仪仗之马也称为仗马，每逢重大节典、外事接待，仗马就站于指定位置，彰显国威。

仗马的装束与其他马有极大的等级差别，仗马在参加重大活动时，首先要装饰打扮一番，让它们与普通的马有区别，以显威风，壮国威。因不做骑乘之用，仗马所用马具繁复精美。从现存的文物来看，唐代仗马从头到尾主要由络头、攀胸、腹带、鞦带、马鞍、镫组成，其附件有镳、衔、鞯、云珠、障泥等。马饰主要有当卢、杏叶、鞘等。仗马在唐代发展到一个登峰造极的境界，其华丽复杂的马具也为仗马增色良多，彰显巍巍大唐

鎏金铜马饰

唐（618—907）

1960—1971年唐永泰公主墓和唐懿德太子墓均有出土

的风采。

唐懿德太子墓和永泰公主墓都出土数量较多的马饰，据专家研究分析，这些马饰很可能是陪葬墓中彩绘木仗马佩戴之物。这些马饰做工精美、讲究，材质为铜质，工艺为范铸、鎏金，造型图案各有不同，但基本外形很像我们经常见到的杏树叶，所以古人干脆依此称之为杏叶，如有"团花形中间镶嵌宝石"的、"卷草纹中心镶嵌宝石"的，花心的圈内原有镶嵌有宝珠类饰，现已脱落。宝珠有黄褐色、绿色、白色等，质地为琥珀、水晶、琉璃等；还有"葡萄叶形中间刻鸾鸟"的，表面为减底刻花，浮雕感极强。轮廓近似七角葡萄叶，每角卷边呈忍冬花状，减低的底上錾刻鱼子纹，现仅残留少量。卷草枝蔓围绕着凸起的圆圈形花心俯仰翻卷，上下照应，左右对称，流畅华丽。

鎏金工艺是我国古代一种特殊的涂饰器表的工艺，唐代称为镀金，"假金方用真金镀，若是真金不镀金"。具体过程是用金和水银的合金涂在金属表面，经烘烤或研磨使水银挥发而金留在器物上。

我国古代，每当朝廷有重大节日或重要外事接待活动时，仗马会与日常驯养的大象、猎豹、猞猁等动物一同站在规定的位置上，营造氛围，烘托气氛。大型的活动还会将仗马分为白马队、黑马队以及红马队等，以显示国力强盛。

除过这些鎏金马饰外，与此同时还出土了一些鎏金铜带扣、带具、马镫、马镳、挂钩、小铃铛等物件，我们似乎找到了一些答案，可以推测当时的随葬品中有较大体量的"彩绘木仗马俑"存在，只是因为环境的关系没有能够保留下来，而通过这些马饰，我们可以想象彩绘木杖马的高贵华丽和神骏英姿。

（张鑫）

《戴步摇凤冠仕女图》

雍容典雅 皇家风范

一身盛装，典雅华贵，让无数人心生美慕和向往。妙手做工，丽人展演，一丝一情，一频一步，把大唐的繁华和盛世表现得淋漓尽致。

　　唐代石椁线刻画是一种最具原始创造力的白描艺术，其内容丰富、题材广泛、造型简练、线条流畅、匀称飘逸，有着强烈的曲线美和韵律美。在唐懿德太子墓石椁上就刻有一幅《戴步摇凤冠仕女图》，可谓线刻画中的精品。

　　懿德太子李重润，是唐高宗李治与女皇武则天的嫡孙，中宗李显的长子。公元 701 年，因与妹妹永泰郡主、妹夫魏王武延基议论面首张易之兄弟"何得姿入宫中"，被杖杀于河南洛阳，年仅 19 岁。公元 706 年，中宗李显复位后，将其墓由洛阳迁至于此，陪葬乾陵，并聘国子监裴粹亡女为冥婚，与之合葬，恩殊"号墓为陵"。该墓位于乾陵东南方向，是一座

《戴步摇凤冠仕女图》

唐（618—907）

高133.5厘米，宽75.5厘米

1971年出土于唐懿德太子墓

距离乾陵最近，也是迄今为止发掘唐墓中规模最大、规格最高、保存最好的一座帝陵陪葬墓。

《戴步摇凤冠仕女图》线刻画镌刻于懿德太子墓石椁正中，所刻绘的两个仕女倚门相向而立，双手拢袖置于腹前。头戴高冠，上饰花钿，丰颊硕面，阔眉凤眼，直鼻小口。上穿桃式袒胸宽袖短衫，下着长裙，罩笼裙。腰系帛带，并配有长长的玉串，且数量很多。在袖口处各绣鸾凤一对，裙下绣花边，显得层次清晰，明快舒适。整个人物高贵典雅，端庄秀美，气度非凡。

在人物周围空白处，装饰以奇花瑞草和云纹图案，既衬托出人物形态之美，又显示出周围环境之美，画面的四周又装饰有规则形缠枝蔓草图案，使整个画面华丽多彩、富贵吉祥。

据《旧唐书·舆服志》记载：唐代内外命妇服花钿，翟衣青质。第一品花钿九树，翟九等；第二品花钿八树，翟八等；第三品花钿七树，翟七等；第四品花钿六树，翟六等；第五品花钿五树，翟五等。从以上文献记载对照分析，图中门右者冠上插五树花钿，应为五品女官，门左者冠上插六树花钿，应为四品女官。又据《旧唐书·职官志》和《大唐六典·宫官》，如此装饰者应为"掌宫闱管钥之事"的女官。

乾陵陪葬墓石椁线刻女侍大多形象写实，部位比例准确，塑造了一批盛唐初期体态健美丰润、气质华丽富贵、神情悠闲矜持的宫廷妇女形象。女侍们的发髻皆以高大为上，多是把头发梳于头顶，然后盘成惊鹄髻、半翻髻、反绾髻等。她们多穿窄袖束腰襦裙、半臂、披帛，穿高跷云头履或线鞋，这种服饰主要是受胡服的影响。少数女侍穿着男装，裹幞头，穿圆领或翻领对襟窄袖长袍，内衬圆领衫，条纹裤，腰系蹀躞带，足蹬缀花线鞋。女着男装在唐初就比较流行，这应该是唐代社会比较开放，妇女较少受到约束的一种直接反映。

这些精美的线刻画，展示了能工巧匠们惊人的艺术构想和卓越绝伦的雕刻技巧，多层次地展现了美的世界，给人以线中蕴情、线中显美的艺术感受。石刻线画就其性质而言，可以说是绘画与雕刻的混合体，要求工匠不但有绘画技艺，还要有雕刻功夫，线刻画的线条简洁凝练，刚劲有力，这些未留下姓名的能工巧匠们，以刀代笔，以石为纸，以线造型，以形传神地创造了民族传统绘画的独特样式。

乾陵石刻线画，在选用线型时，总是着眼于人物性格之差异，景物特征之区别，衣着质地之不同，多层次去表现线条造型的魅力。用宛如游丝般轻盈舒畅的线条来表现宫女的温柔气质；用顿挫抑扬、铿锵有力的线条来表现宫女的衣装配饰；用疾徐粗细、刚柔相济的线条来表现景物的自然之态；用概括简洁、变化多端的线条来表现器皿的质地，从而达到了形随线生、神随线出、线中有情、线中显美的艺术境界。乾陵的线刻画，纹样章法布局给人以深刻的印象，是我国艺术宝库中的珍品奇葩。

（陈丽萍）

《披帛仕女图》

轻歌曼舞 唐代丽人

披帛轻舞歌漫步，舒展长裙身窈窕。精妙的刀法，娴熟的技巧，所刻宫女、花鸟，形神兼备，呼之欲出，画面气韵生动，优美传神，尽显线刻之精妙。

石椁是古代一种高级葬具，套在木棺之外。唐代的石椁多为仿庑殿式建筑式样，面阔三间，进深两间，其下带有基座。石椁内外皆刻满了各种细腻精美的线刻画，主要内容为人物、珍禽异兽和缠枝蔓草纹饰等。

《披帛仕女图》刻于永泰公主石椁内部的石板上。帛是丝织物中的"顶级织物"，其材质、颜色、做工都是最好的，唐时常有贵族女性将帛展现出来示众，披帛也成为唐代女性较为流行的一种装束。图中仕女头梳螺髻，后插发簪，阔眉凤眼，直鼻小口，身穿窄袖短襦开胸上衣，外套对襟半臂，两襟以宽带相结于胸前，下穿曳地长裙，足着云头高履。画面中，仕女信步游走在花苑中，春风洗面，鸟鸣浴耳，花香扑鼻的环境，可能使她陶醉了，

《披帛仕女图》

唐（618—907）
高134.5厘米，宽80厘米
1960年出土于唐永泰公主墓

不由自主地两手持披帛在背后翩翩展开。只见她体如轻风，趋步生姿，二目传情，用"转盼流精艳辉光，将留将引雁双行"的诗句赞美一点也不过分。

这幅黑白的线刻画，却让人们如同看到了满目的色彩，听到悠扬的音乐，甚至让人不由得也想跟着节奏手舞足蹈起来。人物的留白处，刻花草斗艳、瑞鸟飞翔，整幅画使仕女的形象美和大自然的风景美浑然一体，相得益彰。

石头这种自然界中特殊的资源伴随着人类的脚步，从古代一直走到了今天，为人类创造了无法泯灭的艺术，石刻艺术就是这种艺术的表现形式之一。石刻线画是将绘画艺术和雕刻技法融为一体，在平滑光洁的石面上，巧妙、灵活地运用刻刀，如同画家在纸上运笔。艺术家以线造型，形随线生，神随线出，线中有情，线中显美。线条在这里婉曲而潇洒，抑扬而顿挫，有了生命，有了色彩，有了韵律，达到一种运动着的美，这是美的更高境界，也在蔓草的刻画上看得尤其清楚。唐代的装饰图案，可以说是蔓草的世界，线刻画是最适宜刻画那柔中有劲、韧而不折的蔓草花纹的，蔓草婉曲回折，抑扬交错，使人眼花缭乱，只会感到那些被永生在石板上的蔓草，生气昂然地向人们展示它们的鲜活与美丽。

无论是刻还是画，艺术家都要具备很深的功夫，特别是用刀镌刻，必须一鼓作气，要一气呵成，不能有丝毫的改动。当我们看到一块块黑光的石面上，用银丝般的细线刻画出那些美好画面时，眼前便会出现唐代雕工们定神屏息、舒腕运刀的动人情景。其完美，其功力，其修养，其境界，为我们带来了美轮美奂的艺术奇珍，带来了如饮醍醐的文化享受。

　　乾陵陪葬墓石椁线刻人物画中的仕女不管是拈花弄草，还是观鸟沉吟，不管是翩然起舞，还是凝神静思，都是日常生活状态的直观描绘，因而极具生活气息。乾陵的线刻画刀法刚劲，技巧娴熟，所刻宫女呼之欲出，鸟兽形神兼备，花草生意盎然。整个画面气韵生动，优美传神，线条流畅，堪称石刻艺术中的瑰宝。

（陈丽萍）

永泰公主石刻墓志

墨玉镌刻 字字斟酌

可怜如花似玉女，生于李武帝王家。一个青春似花的年龄，一个让人惋惜的人生，因政治而联姻，因戏言而丧命，虽可『号墓为陵』，但却无力回天。

　　永泰公主墓为青石质，志盖盝顶形，边长118厘米，厚25.8厘米。盖面正中减地阳刻篆书"大唐故永泰公主志铭"，字间留井字形界格，四周阴刻宝相花纹，四个斜面阴刻十二生肖，间饰缠枝花卉，侧面阴刻宝相花。志石为正方形。侧面阴刻瑞兽十二，间饰折枝花卉。志文楷书，太常少卿徐彦伯奉诏撰，无书者姓名。墓志体量大，纹饰精美，文字镌刻秀丽，历史事件记载翔实，对研究唐代历史、书法、线刻艺术和丧葬制度具有重要意义，具有证史、补史的作用，有很大的史料价值，是唐代墓志中的珍品。

　　永泰公主李仙蕙，字秾辉，唐高宗和武则天孙女，唐中宗第七女，韦皇后所出。出生时其父庐陵王李显在房州流放之地。圣历元年（698）三月，

176

永泰公主墓志盖

唐（618—907）

边长118厘米，厚约25.5厘米

1961年出土于唐永泰公主墓

永泰公主石刻墓志

唐（618—907）

1961年出土于唐永泰公主墓

武则天派职方员外郎徐彦伯迎李显回京，九月，立武显（武周时李显被武则天改姓武）为武周皇太子。久视元年（700）九月六日武（李）仙蕙封永泰郡主，下嫁魏王武承嗣之子继魏王武延基（武则天娘家侄孙）。郡主薨于大足元年（701）九月四日，年十七岁，初葬洛阳。中宗神龙元年（705）追封其为永泰公主，神龙二年（706）五月十八日与其婿武延基合窆陪葬乾陵，号墓为陵。

关于永泰公主的死因，《旧唐书》《新唐书》《资治通鉴》等史书均记载，因其与兄邵王李重润、婿武延基窃议张易之、张昌宗兄弟出入宫闱事，被武则天杖杀（一说逼令自缢）。墓志出土后，有学者根据志文中"珠胎毁月，怨十里之无香"等语句推测，公主死于难产。有学者根据墓葬出土的公主骨盆残片复原了其骨盆，通过比较观察，其骨盆比同龄女子略小，进一步佐证了公主难产而死之说。又有学者对比发现其兄李重润比其早死一日，因而综合以上两说提出，公主兄妹和魏王武延基因议论武则天，违背了"李武一家"的明堂誓言，李重润和武延基被武则天杖杀，公主因怀孕而得以幸免，一天后，由于悲愤而早产，最后难产而死。由于墓志语言隐晦，关于公主的具体死因，仍扑朔迷离，正如志文所说——千秋万岁何时晓。

（穆兴平）

永泰公主石椁葬具

当以宫室 作以殿堂

精心设计，精雕细刻，把死后的地宫修建得如此富丽堂皇，把生前的荣华富贵一并带走，贵族的奢望是如此的强烈，劳动者的技艺是如此精湛。

　　石椁，在我国古代用于放置木棺之用，具有防腐功能，也是一种身份的象征。石椁一般仿照堂屋而建，有硬山顶、悬山顶、歇山顶和庑殿顶等样式，而庑殿式石椁等级最高，一般用于皇室成员墓葬。乾陵发掘的永泰、懿德、章怀三墓陪葬墓中均出土了大型精美的石椁，本文详细介绍永泰公主墓石椁。

　　石椁青石质，放置于后室西部，坐西朝东。石椁为面阔三间、进深一间的庑殿顶石屋，下带底座，由34块石条或石板组成。整个石椁分顶、身、座三部分。椁顶为庑殿式，平搭于椁身之上，由5块石头南北拼合而成，南北向雕正脊一条，东西两侧各雕垂脊两条，形成五脊四坡面的庑殿式样式。其上雕脊瓦、垄头、滴水等形状，屋脊高 37 厘米，屋沿长 368 厘米。椁身周壁由 10 块长方形板壁和 10 根长方形倚柱卯合而成。10 块板壁厚 15 厘米，宽度各不相同；四角 4 根倚柱边长 36 厘米，6 根壁间柱南北宽 24 厘米，厚 36 厘米。壁板和倚柱间卯合连接。倚柱与椁座也卯合连接。椁座以 9 块石板铺成，高 24 厘米。

永泰公主石椁采用了最高等级的庑殿式房屋样式，是墓主作为皇室成员的殊荣。石椁保存完整，造型古朴典雅，雕刻华丽精美，是石质文物中的珍品，特别是石椁壁板和石柱上的线刻画尤为精美。线刻画刻于石椁内壁和椁外东、南、北三面，西部靠墙，外壁未刻画。永泰公主石椁内外各面用阴线刻有门、窗、鸟兽、花卉等纹饰。其中椁内外有人物画面 15 幅，21 人，倚柱画 16 幅，窗饰一对。

人物画均为侍女形象，她们头梳螺髻、单刀半翻髻或双丫髻，丰颐细颈，秀媚凤眼，樱桃小口。这些侍女大多上着窄袖衫，外罩半臂，肩披帔帛，下系长裙，足蹬云头履，也有身着男装，足穿软布鞋者。她们大多捧物，可能为公主的侍奉人员，或执纨扇，或捧玉盒，或端妆奁，或抱食盒，或执瓶子，或持如意，还有戏鸟或赏花者，更有双手拢袖、做沉思状者。她们举止娴雅，仪容温婉，风姿绰约，端庄贤淑。在人物画上部及倚柱画中间区域，线刻多种动物形象，有凤凰、青鸟、仙鹤、鸳鸯、绶鸟、水鸭等，也有似鸵鸟的珍禽和似狮子的瑞兽；昆虫类有蜻蜓、蜜蜂、蝴蝶等。花草树木则种类繁多，有木槿、石榴、冬青、栀子、郁金香、百合、杜若、

永泰公主石椁葬具

唐（618—907）

南北长387.5厘米，东西宽288厘米，高228厘米

1961年出土于唐永泰公主墓

金盏、菊花、海石榴等。此外，在内壁西侧一根倚柱上还有一个双翅鸟足的仙人形象。

在石椁上雕刻线刻画始于东汉，唐代达到了鼎盛时期。其制作工序和工艺一般是先选料，制作毛坯，再打磨，抛光表面，然后涂墨、上稿，最后进行线刻。从雕刻技法来分，有单纯线刻、减地线刻和浅浮雕加线刻三种。这件永泰公主石椁板壁画主体花纹除窗饰为减地线刻外，其余为单纯线刻，壁板边框为减地线刻；倚柱花纹全部为减地线刻；椁顶屋檐瓦当为减地线刻，脊头瓦、南端脊头瓦上的瓦当为浅浮雕加线刻；椁座为单纯线刻。侍女所着衣裙，多用铁线描出，弯如屈铁，圆如盘丝，飘逸流畅，堪称仕女画之杰作。画工以石为纸，以刀代笔，雕刻一气呵成，如行云流水。画面线条流畅，雕刻精美，题材丰富，是唐代线刻画中的珍品。

（穆兴平）